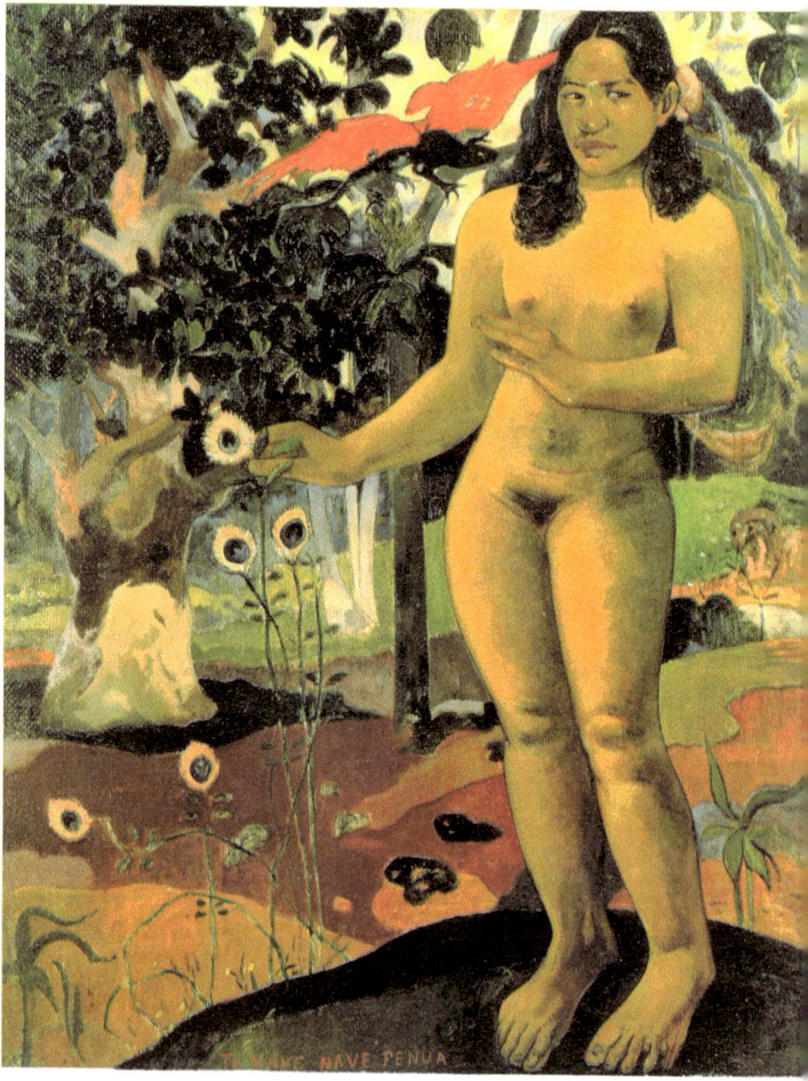
TE NAVE NAVE FENUA

DAS PARADIES BLEIBT VERLOREN

GAUGUINS SÜDSEEBILDER

Christof L. Diedrichs

⦿ **ein**blicke – Kunstgeschichte in Einzelwerken
Band 2

Bibliographische Information der Deutschen Nationalbibliothek:
Die Deutsche Nationalbibliothek verzeichnet diese Publikation in der Deutschen Nationalbibliografie. Detaillierte bibliografische Daten sind im Internet unter http://dnb.dnb.de abrufbar.

2. Auflage (01/2016)
Herstellung und Verlag:
BoD – Books on Demand, Norderstedt
Umschlaggestaltung: Kröger Kommunikation, Lünen

ISBN: 978-3-7392-2000-0

Abb. 1 (Frontispiz):
Paul Gauguin, *Te nave nave fenua* – Köstliche Erde, 1892;
Kuraschiki, Ohara Museum of Art

„Alles in meinem Werk ist kalkuliert, lange durchdacht. Es ist Musik, wenn Sie so wollen. Ich benutze irgendeinen beliebigen Gegenstand aus dem Leben oder der Natur als Vorwand, um daraus durch Anordnung von Linien und Farben eine Symphonie entstehen zu lassen, ein harmonisches Gebilde, das nichts wirklich Reales in einem gewöhnlichen Sinne wiedergibt und keinerlei Idee unmittelbar ausdrückt, das aber, wie die Musik, zum Denken anregen soll, ohne die Zuhilfenahme von Ideen oder Bildern, einfach nur durch geheimnisvolle Affinitäten zwischen unserem Gehirn und solchen Anordnungen von Farben und Linien."

Paul Gauguin, Interview, in: *L'Écho de Paris*, 13. Mai 1895, S. 2; in der deutschen Übersetzung zitiert nach SCHWANDER 2015 (wie Anm. 22), S. 24.

„Ich habe es immer gesagt (wenn nicht gesagt, gedacht), daß die literarische Poesie des Malers etwas Besonderes ist […]; letzten Endes muß in der Malerei die Suggestion, nicht die Beschreibung gesucht werden, ganz wie in der Musik."

Paul Gauguin, Brief an Georges Daniel de Monfreid, August 1901; in der deutschen Übersetzung zitiert nach MITTELSTÄDT 1963 (wie Anm. 17), S. 166.

INHALT

EINLEITUNG
ÜBER DIE BETRACHTUNG VON KUNSTWERKEN

„Kommt Kunst von Können?“ Diese Frage ist häufig zu hören, wenn es um so genannte moderne Kunst geht[1], und die Antworten darauf könnten unterschiedlicher nicht ausfallen. Dabei ist schon die kurze Frage missverständlich.

In der Regel wird sie gestellt, wenn ein Kunstwerk offensichtliche oder scheinbare technische Mängel aufweist. Obwohl das entsprechende Werk allgemein für Kunst gehalten und in einer Ausstellung oder einem Museum präsentiert wird, fragt sich der unbedarfte Betrachter unwillkürlich, ob der Künstler das „nicht besser gekonnt“ habe. Geschmack und Verständnis des Kunstliebhabers noch im 21. Jahrhundert sind geschult an Raffaels Madonnen und Leonardos *Mona Lisa* und werden beim Besuch der Ausstellung eines ‚modernen‘ Künstlers mit einer völlig andersartigen Malerei konfrontiert. Angesichts von mangelnder Schönheit oder gar Unansehnlichkeit aber stellt sich automatisch die Frage nach dem ‚Können‘ des Malers.

Noch hilfloser klingt die Frage, wenn im Betrachter das Gefühl aufkommt, dass er selbst oder seine kurz vor der Einschulung stehende Tochter das mindestens ebenso gut hinbekommen würde.

Wenn dem aber so ist, warum ist dies dann Kunst und das Bild der Tochter nicht?

Kunst und Können

Wenn wir diesen inneren Monolog genau verfolgen, erkennen wir schnell, dass es darin nicht wirklich um *Kunst* geht.

Die Frage, *warum* etwas Kunst sei, ist nicht zu beantworten, ohne vorher geklärt zu haben, was eigentlich unter Kunst zu verstehen ist. Zweifellos liegt der Kunstbetrachtung des erwähnten, unbedarften Museumsbesuchers ein anderes Verständnis von Kunst zugrunde als das, welches Museumsdirektoren zum Ankauf und zur Ausstellung eines Werks wie Picassos Gemälde *Les Demoiselles d'Avignon (Abb. 2)* veranlasst. Ein gewissermaßen ‚spontanes' Kunstverständnis wird gewöhnlich von der Überzeugung geprägt, dass Kunst selbstverständlich von Können komme, dass sich Kunst sogar durch einen besonderen Grad von Können auszeichnen müsse, der dem, was der Laienmaler zu malen in der Lage ist, technisch weit überlegen sei. Ein echter Künstler muss dieser Vorstellung zufolge ‚besser' sein als der Laie, was gewöhnlich meint, dass er *wirklichkeitsgetreuer* malen können muss. *Seine* Porträts muss man auf den ersten Blick erkennen und *seine* menschlichen Körper müssen ‚stimmen'.

Doch schon bei diesen Gedanken bemerken wir, dass wir uns auf eigenartige Weise verrannt haben. Wenn wir genauer hinsehen, wird deutlich, warum: Wir denken auch hier in Wirklichkeit nicht über *Kunst* nach. Zumindest widersprechen dem unsere Kenntnisse der Geschichte der Kunst, zu der eben auch und sogar auf epochemachende Weise ein Werk wie *Les Demoiselles d'Avignon* gehört. Das Bild ist aber durchaus nicht wegen seiner wirklichkeitsgetreuen Darstellung jener Bordellszene bekannt, die Picasso 1907 im berüchtigten *Bateau Lavoir* auf dem Montmartre vor seinem inneren Auge gehabt haben muss. Worüber wir stattdessen eigentlich nachdenken, ist vielmehr Technik, ist *Handwerk*. Wenn Kunst von Können käme, müsste sich das Kunstwerk vor allem durch seine handwerkliche Vollkommenheit auszeichnen, die das ‚echte' Kunstwerk vom Produkt eines Laienmalers unterscheiden würde. Mit *Kunst* aber hat das tatsächlich wenig zu tun.

Technik und Handwerk können erlernt werden, bei genügendem Fleiß ist auf diesem Weg sogar mangelnde, künstlerische Begabung auszugleichen. Aber Technik und Handwerk sind nicht Kunst, vor allem entscheiden sie nicht über höheren oder niedrigeren künstlerischen Rang.[2] Nicht der ist ein größerer Künstler, der die *Technik* des Malens besser beherrscht, selbst wenn Raffael und Leonardo sich zweifellos durch eine besondere Souveränität und Virtuosität in der Nutzung der technischen Möglichkeiten der Malerei auszeichneten. Aber war es das, was sie zu großen Künstlern machte? Warum sind die Lehrer dieser Genies in der Vorstellung von Zeitgenossen und Nachwelt dann nicht ebenso große Künstler?

Kunst muss etwas Anderes sein, als die meisterhafte Beherrschung und Anwendung technischer Mittel. Kunst ist mehr als das. *Kunst setzt Können voraus, aber Kunst kommt nicht von Können!*

Können reicht für die Kunst nicht aus.

Vom Amateur zum Künstler

Tatsächlich ist es in der Geschichte der Kunst immer ein langer Weg vom begabten Amateur zum Künstler, und bis zum heutigen Tag führt er stets über eine gründliche Ausbildung – nicht immer an einer staatlichen Akademie –, in deren Verlauf der Schüler die technischen Möglichkeiten und damit sein Handwerkszeug erlernt.

Als der italienische Maler Cimabue (1240–1302) um das Jahr 1276 in der Nähe von Florenz auf einen Hirtenknaben mit Namen Giotto stieß und sah, wie dieser allein kraft seines natürlichen Talents Schafe auf Steinplatten zeichnete,[3] da stand dem Hirtenknaben, der zum Vorläufer der Renaissance in Italien heranwachsen sollte, noch ein langer Weg der Ausbildung bevor. Cimabue nahm ihn in die Lehre, doch was er ihm beibringen konnte, das war allein das *Handwerk* der Malerei. Zwischen dem Lehrer und seinem Schüler sollte es eine Epochenschwelle geben, wie es sie innerhalb der abendländischen Kunstgeschichte kaum ein zweites Mal gegeben hat. Giotto (1266–1337) sollte es sein, der sie heraufbeschwor. Die Beherrschung des malerischen *Handwerkszeugs* war dabei nur die Voraussetzung, nicht aber der Grund für die Epochenschwelle.

Als Paul Gauguin 1876 zum ersten Mal am so genannten Salon, der jährlichen, großen Kunstausstellung in Paris, teilnahm, war er noch Autodidakt – ein Laienmaler. Aber als er sieben Jahre später seine lukrative Arbeit an der Börse und damit seine Karriere als Bankkaufmann aufgab und sich entschied, Maler zu werden, hatte er im Kreis der Impressionisten in Paris bereits viele Maler kennengelernt, von denen v.a. Camille Pissarro (1830–1903) sein Lehrer wurde. Ein Bild wie *Die nähende Suzanne* (1880; *Abb. 3*) zeigt nicht nur, dass er in dieser Zeit stark vom Impressionismus beeinflusst wurde, sondern ebenso, dass er sein Handwerkszeug beherrschte. Gauguin *konnte* malen, das zeigen die Bilder dieser Zeit, und damit rücken seine späteren, nicht selten unbeholfen, ja grobschlächtig wirkenden Werke in ein anderes Licht. Denn damit ist klar, dass das Unbeholfene nicht etwa technisches Unvermögen, sondern vielmehr bewusst kalkulierte, künstlerische Absicht war.

Manche Galeristen stellen bis heute ausschließlich solche Künstler aus, die eine Ausbildung an einer staatlichen Akademie nachweisen können. Was auf den ersten Blick irritierend wirken mag, stellt sich bei näherem Hinsehen als der Versuch heraus, sich selbst und potentielle Kunden gewissermaßen offiziell darüber zu versichern, dass scheinbare technische Unvollkommenheit in Wirklichkeit der souveräne Einsatz künstlerischer Mittel ist, selbst wenn man es dem Werk nicht ansieht. Wenn Picasso, wie er behauptet haben soll, schon als Kind malen konnte wie Raffael, wenn er also technisch ebenso versiert war wie die Alten Meister, dann muss es eine *bewusste Entscheidung* gewesen sein, dieses Können *nicht* anzuwenden und sich stattdessen zu bemühen, wie ein Kind zu malen. Dann aber stellt sich, wenn es um die *Kunst* Picassos geht, nicht mehr die Frage nach seinem handwerklichen Können, sondern vielmehr nach der Begründung für die befremdende Entscheidung, auf die Anwendung dieses zweifellos vorhandenen handwerklichen Könnens zu *verzichten*.

Damit aus der Malerei eines Laien Kunst wird, ist diese Entscheidung essentiell: die Entscheidung für oder gegen, also die souveräne Wahl bestimmter künstlerischer Mittel, zu denen auch scheinbare Unbeholfenheit zählen kann. Diese Wahl betrifft nicht den Gegenstand der Malerei, also *was* dargestellt werden soll, sondern vielmehr die Art, also das *Wie* der Darstellung. Wie wir an Picassos *Demoiselles* sehen können, wird es für die Malerei des 20. Jahrhunderts geradezu obligatorisch, mehr die verwendeten künstlerischen Mittel zum Träger der beabsichtigten Aussage zu machen, als es der Gegenstand selbst ist, der dargestellt wird: Es ist die *Art der Malerei*, die aus der bloßen Abbildung eines Gegenstands oder einer Situation ein Kunstwerk macht.

Picasso zeigt in seinem deutlich überlebensgroßen Bild (*Abb. 2*; ca. 244 x 234 cm) eine Situation im Bordell:

> Fünf gänzlich nackte Frauen posieren stehend oder sitzend vor dem Betrachter. Sie nehmen bestimmte, aussagekräftige

> Haltungen an, die vor allem ihre Nacktheit und die Rundungen ihrer Körper zur Schau stellen und es dem Betrachter ermöglichen sollen, seine Wahl zu treffen. Vorne in der Mitte liegen einige Früchte wohl auf einem Tischchen, darunter Weintrauben, eine Birne und eine Melonen-Scheibe.

Das ist das *Was* dieser Darstellung.

Hätten wir das Bild nicht vor uns und würden allein diese Beschreibung lesen oder hören, so schwebte vor unserem inneren Auge zweifellos ein Bild, das an Pornographie grenzte: rote Samtvorhänge, schummriges Licht, ein sinnliches Stillleben mit reifen Früchten und vor allem wunderschöne, weibliche Körper in lasziven Posen, einladendes Lächeln.

Picassos Bild zeigt jedoch etwas gänzlich Anderes. Aufgrund der Verwendung bestimmter künstlerischer Mittel wird aus einer schwülen Bordellszene die aggressive Darstellung verunstalteter, zerschnittener Körper, die den Betrachter halb anklagend, halb bedrohend anstarren. Archaische Kräfte werden spürbar und erzeugen diffuse, nicht weniger archaische Ängste. Von Sinnlichkeit oder anstößiger Schönheit jedenfalls, wie sie eine Bordellszene erwarten ließe, ist hier nichts zu bemerken.

Diese Wirkung aber resultiert allein aus dem *Wie* der Darstellung, welches das *Was* der Darstellung dominiert und die Aussage des Bilds maßgeblich prägt. Es lenkt sie in eine vollkommen andere Richtung als die erwartete und macht die Darstellung der eigentlich anzüglichen Szene – jedenfalls aus der Sicht der Nachwelt – geradezu gesellschaftsfähig.

„Fehler“

Es ist also diese Unterscheidung zwischen dem *Was* und dem *Wie* der Darstellung, die bei Picassos epochemachendem Werk zwischen Pornographie und Kunst unterscheidet.

Das ist nicht erst seit der Moderne so. Schon seit frühester Zeit, lange vor der Entdeckung der Ölfarbe oder der Entwicklung der so genannten Zentral- oder Fluchtpunktperspektive im 15. Jahrhundert, verfügten die Künstler über die Mittel, etwas so oder anders darzustellen. Der gekreuzigte Christus kann im 10./11. Jahrhundert realistisch und leidend oder stilisiert und triumphierend dargestellt werden. Dabei hat die Art der Darstellung nichts mit dem handwerklichen Können des Künstlers, sondern allein mit der beabsichtigten Aussage zu tun.

Dass der zwölfjährige Jesus im Tempel auf einer kunstvollen Illumination des so genannten *Queen Mary's Psalter* im *British Museum* in London (*Abb. 4*) nicht wirklich wie ein zwölfjähriger Knabe aussieht, sondern jünger, hat durchaus nichts mit der Tatsache zu tun, dass der Maler am Beginn des 14. Jahrhunderts „noch ein bisschen unbeholfen" malt (was er nicht tut) und „keine wirklichen zwölfjährigen Buben angeschaut haben mag" (was nicht vorstellbar ist).[4] Vielmehr handelt es sich auch hierbei um ein von Künstler und Auftraggeber bewusst eingesetztes, künstlerisches Mittel; denn das Wunder jener Begebenheit, von der das Evangelium berichtet,[5] wird umso größer, je kleiner der ‚Bub' dargestellt wird. Einen wirklich wie ein Zwölfjähriger aussehenden Jungen zu malen, lag also gar nicht in der Absicht des Malers, seine Aussage geht stattdessen in eine ganz andere Richtung, die er jedoch nicht allein in das *Was*, sondern vor allem in das *Wie* der Darstellung kleidet.[6]

Scheinbare Fehler in Kunstwerken sind in Wirklichkeit, da wir handwerkliche Unvollkommenheit bei Künstlern von hohem Rang grundsätzlich ausschließen können, nicht etwa Fehler. In Wirklichkeit sind dies bewusst hinterlassene Spuren, Fingerzeige, die zur eigentlichen Aussage des Bilds führen. Diese geht praktisch immer über die reine Nacherzählung einer beispielsweise biblischen Szene hinaus und ist vor allem über die *Abweichungen* vom bekannten, ikonographischen Muster* zu entschlüsseln.

Es sind also gerade die scheinbaren Fehler wie der ‚zu klein' geratene Jesus-Knabe, *die als Fingerzeige in die Richtung der jeweiligen Bildaussage weisen.*

Das wird in der Malerei des 19. und 20. Jahrhunderts noch deutlicher. Nun entwickeln die Künstler immer neue künstlerische Mittel und beginnen, sie immer mehr ins Zentrum nicht allein ihrer eigenen, sondern auch der Aufmerksamkeit des Betrachters zu rücken. Die künstlerischen Mittel, das *Wie* der Darstellung, werden tatsächlich zu einem der Haupt-Themen der Kunstwerke, verselbstständigen sich – je weiter wir in der Zeit fortschreiten, umso mehr – vom Medium zur eigentlichen Botschaft.

Als beispielsweise Édouard Manet 1863 sein *Picknick im Freien* ausstellte (*Abb. 5*)[7], erregte es nicht allein dadurch einen Skandal, dass hier eine nackte Prostituierte zu sehen ist, die den Betrachter unverhohlen-auffordernd ansieht, sondern auch, weil das Bild mit seiner Größe von 208 x 265 cm rein formal, allein aufgrund seiner künstlerischen Mittel, Anspruch auf die Zugehörigkeit zur bedeutsamsten Gattung von Bildern, den Historienbildern, erhob. Zu diesen gehörten gewöhnlich vor allem Szenen aus der Bibel, der Mythologie und aus der Geschichte, die den Betrachter erheben und an die Tugenden des Menschseins gemahnen sollten, nicht aber Genrebilder

* Mit einem Stern gekennzeichnete Begriffe im Text werden im Anhang (Glossar, S. 104) erklärt.

mit einem derart anzüglichen Motiv wie einer nackten Prostituierten beim Picknick im *Bois de Boulogne*.

Außerdem aber – und dies war aus der Sicht der Kunstliebhaber und -kenner vielleicht noch skandalöser – schien den Betrachtern das Bild nicht fertig zu sein. Die Blätter und Baumstämme sind nicht detailliert ausgearbeitet, und selbst das Stillleben im linken Vordergrund wirkt skizzenhaft. Einige Kritiker bemängelten die undifferenzierte Farbgebung, ein anderer „witzelte, Manets Pinselführung mangele es derart an Gefühl, dass der Maler ebenso gut einen Wischmopp verwenden könne."[8] Unwillkürlich stellt sich die Frage, ob Manet vielleicht nicht genügend Zeit für die Fertigstellung gehabt hat. Man weiß ja, dass Maler noch an ihren Werken arbeiteten, als sie bereits in den Ausstellungsräumen an der Wand hingen und die ersten Ausstellungsbesucher eintrafen.

Wenn dies aber *nicht* der Grund, wenn es also keine technische Frage war, die Manet zu dieser provozierenden Art der Ausführung zwang – und wir können dies aus verschiedenen Gründen ausschließen –, dann muss es sich bei dieser wenig feinen Pinselführung und Farbgebung um Absicht, also ein bewusst eingesetztes künstlerisches Mittel handeln, mit dem der Maler einen bestimmten Zweck erreichen wollte.

> Doch: welchen? Was wollte Manet damit erreichen, dass er Betrachtern, die Bilder vor allem wegen ihres detaillierten „Naturalismus" schätzten, ein handwerklich augenscheinlich mangelhaftes Werk präsentierte?

Schon das *Was* der Darstellung, die Personen und Gegenstände, wirkten auf die Betrachter provozierend, doch mehr noch war es das *Wie*, das sie schockierte und empörte.[9] Zweifellos steckt aber gerade dahinter ein Kalkül, eine Absicht, die tief in die Kunstgeschichte des 19. Jahrhunderts hineinführt.

Der berühmteste Maler des 19. Jahrhunderts

Um diese Zusammenhänge genauer darzustellen, müssten wir uns intensiv mit der Geschichte der Kunst vor allem in der Neuzeit und der Moderne beschäftigen. Dafür fehlt in diesem Bändchen der Raum; wir werden die Frage innerhalb der Buchreihe „**ein**blicke" jedoch sukzessive weiter verfolgen. An dieser Stelle sei nur ein kurzer Seitenblick erlaubt.

Die aus der Sicht der Zeitgenossen berühmtesten und am besten bezahlten Maler des 19. Jahrhunderts waren nicht etwa Paul Cézanne, Èdouard Manet, Claude Monet, Vincent van Gogh oder Paul Gauguin. Dass alle diese und sehr viele ihrer Kollegen über große Zeiträume hinweg mit ihrer Kunst kaum genug Geld verdienten, um sich davon ernähren zu können, ist allgemein bekannt.

Der berühmteste und am besten bezahlte Maler des 19. Jahrhunderts war vielmehr Ernest Meissonier (1815–1891; vgl. *Abb. 6*).[10] Er ist heute weitgehend vergessen. Meissonier tat sich lange Zeit besonders als Maler von kleinen Genreszenen des 17. und 18. Jahrhunderts und später von Historienbildern seines Idols Napoleon Bonaparte hervor, wobei er eine besondere Vorliebe für die Darstellung von Soldaten und – vor allem – von Pferden entwickelte; nicht selten erwecken seine Bilder den Eindruck, als seien Schlachtenbilder oder Herrscherporträts in Wirklichkeit nur der Vorwand für die möglichst detailgenaue Darstellung von Pferden und Reitern in Ruhe oder dramatischer Aktion. Was beispielsweise in dem Bild *1807. Napoleon I. in der Schlacht von Friedland* (ca. 1861–1875; Abb. 6)[11] auf den ersten Blick aussieht wie eine hyperrealistische Szene nach einer siegreichen Schlacht, erweist sich bei näherem Hinschauen als in höchstem Grad künstlerisch inszenierte Darstellung von Reitern während einer Schau-Attacke, als Bearbeitung eines Bilds wild galoppierender Pferde unter Einsatz aller zur Verfügung stehender, künstlerischer Mittel, darunter Bildgröße und Format, Ausschnitt und Blickwinkel, Komposition, Perspektive, Linien- und Lichtführung, Farbgebung, der Einsatz von Ruhe und Bewegung sowie weitere Formen der Blickführung.

Meissonier, dessen Bilder häufig noch während oder sogar schon vor der Ausstellung im *Salon* für horrende Preise verkauft wurden, forderte die Betrachter vor seinen Bildern gerade zum genauen Hinsehen auf, stellte buchstäblich jeden einzelnen Grashalm dar und erhob dabei den Anspruch, diesen vor allem *richtig* darzustellen.[12] Eine besondere Rolle spielte in seinen Werken ein Phänomen, das auch beispielsweise William Turner (1775–1851) beschäftigte: Geschwindigkeit. Aber anders als die Herangehensweise Turners, der nach adäquaten *künstlerischen* Mitteln zur Darstellung des Phänomens suchte, war die Herangehensweise Meissoniers eher eine *handwerkliche*. Er studierte Pferde im gestreckten Galopp und ahmte die Bilder, die sich ihm in der Natur boten, auf der Leinwand so detailreich und anatomisch genau wie nur möglich nach. Dazu ließ er nicht nur seinen Sohn Charles bei Spazierritten oder Kürassiere auf dem Exerzierplatz galoppieren, während er nebenher ritt und „den Rhythmus und die Abfolgen in den Bewegungen des Pferdes“ studierte;[13] er ließ sogar auf dem Gelände seines Anwesens in Poissy neben einer Reitbahn eigens eine Miniatureisenbahn erbauen und notierte sich, indem er sich auf einem kleinen Waggon neben dem Reiter her ziehen ließ, „hastig die Abläufe, das Spiel der Muskeln, jede Einzelheit der Bewegungen und die verschiedenen Wechsel".[14] Anschließend arbeitete er die Ergebnisse dieser Studien in jahrelanger, akribischer Feinarbeit in seine Gemälde ein.

Wer indessen ein solches Bild (*Abb. 6*) betrachtet, stellt schnell fest, dass die scheinbare Bewegung wie eingefroren erscheint. Es ist derselbe Effekt, den wir von einem Schnappschuss kennen. Wir sind gewohnt, die Bewegung in ein solches Bild hineinzusehen. Aber *darin* steckt sie nicht.

Und so erscheint ein solches Gemälde schnell nicht mehr als ein Werk der ‚großen' Kunst. Es mag handwerklich-technisch faszinieren, wie die Bilder der Frühen Niederländer im 14. Jahrhundert aus genau diesem Grund faszinieren; die Motive – die Pferde – mögen Pferdeliebhaber begeistern; die Darstellung der Bewegungsabläufe der Pferde mag jene fesseln, die sich mit diesen Bewegungsabläufen oder auch mit der Schwierigkeit ihrer Wahrnehmung noch vor der Erfindung der Serienfotographie beschäftigen. Aber damit ein solches Gemälde als ein großes Kunstwerk gelten kann, *fehlt* ihm etwas. Technische Virtuosität ist eben nicht Kunst. Die Kunst kann sogar darin bestehen, auf eine solche Virtuosität bewusst zu verzichten.

Die Kunst steckt in dem, was zum handwerklichen Können *hinzu*kommt. Und dieses ist mehr in der Persönlichkeit des Künstlers zu finden und in seinen Beweggründen zur Wahl bestimmter, künstlerischer Mittel als in scheinbar objektiven Kriterien wie Wirklichkeitsnähe, Detailreichtum oder ‚richtige' Proportionen. *Dies* kann auch die Fotographie, dafür braucht es in der Tat keine Malerei.

Im Verlauf des 19. Jahrhunderts zeigte sich, dass die genaue Abbildung der äußeren Wirklichkeit nicht die

Aufgabe der Kunst ist. Tatsächlich wurde diese Funktion gerade von der Fotographie übernommen, die sie wesentlich besser zu erfüllen schien als die Malerei. In der Kunst ging es stattdessen um Anderes. Und Paul Gauguin gehörte zu jenen, die diesen Weg als erste beschritten. Er war nicht der erste, aber er ging den Weg mit einer Entschiedenheit, mit der er für viele zum Vorbild und Vorreiter wurde.

PAUL GAUGUIN: *TE NAVE NAVE FENUA*

Was der amerikanische Dichter Henry David Thoreau (1817–1862) über Bücher sagte, gilt umso mehr auch für Bilder, als wir es gewohnt sind, sie eher flüchtig zu betrachten: sie „müssen mit soviel Überlegung und Behutsamkeit gelesen [resp. betrachtet] werden, als sie geschrieben" bzw. gemalt wurden.[15] Tatsächlich ist kein einziger Pinselstrich auf einem Bild von selbst und gleichsam selbstverständlich da, zu buchstäblich jedem einzelnen von ihnen muss sich der Maler entscheiden, und die Entscheidung bezieht sich nicht allein auf die Frage, *ob*, sondern auch, *wie* er ihn setzt; schließlich hat er dafür unendlich viele Möglichkeiten.

Aus diesem Grund kann die angemessene Auseinandersetzung mit einem Kunstwerk nur damit beginnen, dieses Werk sorgfältig zu betrachten – sorgfältiger, als wir es gewohnt sind –, angefangen beim allgemeinen Eindruck bis hin zu den Einzelheiten, die keineswegs nebensächlich sind; denn für jede von ihnen musste sich der Künstler, wie gesagt, ausdrücklich entscheiden. Und damit wir nicht nur sehen, was wir ohnehin schon wissen,[16] ist für diese Betrachtung eine größtmögliche Unvoreingenommenheit notwendig.

> Tragen wir nicht nur unsere Vorbildung an das Werk heran, sondern lassen wir uns vom Kunstwerk überraschen!

Das Bild, das im Zentrum unserer Aufmerksamkeit stehen wird, trägt den polynesischen Titel *TE NAVE NAVE FENUA*. Gauguin hat ihn mit roter Farbe in gut lesbaren Großbuchstaben an den unteren Bildrand gesetzt.[17]

Das Bild misst 91,3 x 72,1 cm und ist in z.T. sehr dünn aufgetragenen Ölfarben auf Leinwand gemalt. Inzwischen befindet es sich im *Ohara Museum of Art* in Kuraschiki (Japan).

Auf den ersten Blick macht das Bild, wie die meisten Südsee-Bilder Gauguins, einen farbenfrohen Eindruck. Doch wird dieser Eindruck schon auf den zweiten Blick gestört.

Das *Was* der Darstellung

Die rechte Bildhälfte wird dominiert von der Gestalt einer jungen Frau mit dunklem, fast schwarzem, lockigem Haar, das ihr über die Schultern bis auf die Brust fällt. Ihr Körper, der nicht zuletzt aufgrund der hellen Ockerfarbe den Blick auf sich zieht, wirkt für das westeuropäische Auge ungewöhnlich kräftig: sie hat breite Schultern und starke Oberarme, denen gegenüber die Brüste sehr klein erscheinen. Auch Becken und Oberschenkel, zwischen denen die Behaarung des Schambereichs angedeutet ist, sind ausladend, Unterschenkel und Füße, an deren linkem eine eigenartige Missbildung zu erkennen ist – als gäbe es zwischen den voll ausgebildeten fünf Zehen zwei Ansätze zu weiteren Zehen –, scheinen sogar geradezu überdimensioniert zu sein. Irritierend wirkt auch, dass das Inkarnat ihres Gesichts deutlich dunkler ist als das des übrigen Körpers, als gehörte das eine nicht zum anderen.

Die junge Frau steht fast bildparallel* dem Betrachter gegenüber, ist jedoch ganz leicht aus der Bildebene herausgedreht und sieht den Betrachter nicht an. Ihr Blick geht stattdessen scharf nach links[18], ohne dass sie den Kopf dafür drehen würde. Sie schaut durch die Augenwinkel, wodurch der Blick etwas Misstrauisches und Unsicheres erhält. Dieser Eindruck wird durch die Tatsache verstärkt, dass die Augenbrauen leicht gerunzelt und die Augenlider heruntergezogen sind. Außerdem weist der

Körper eigentlich eher nach rechts, zur Bildmitte hin, während der *Blick* in die andere Richtung geht. Auch die Geste ihrer Hände verweist auf einen Missklang, auf eine Disharmonie, die innerer Zerrissenheit entspringen mag. Die Haltung drückt einen Konflikt aus, den die Frau offensichtlich mit sich selbst austrägt, wobei der verstohlene Blick darauf hindeutet, dass der Anlass für den Konflikt nicht in ihr selbst, sondern außerhalb ihrer liegt.

Dem entspricht, dass die junge Frau mit der einen Hand nach der Blüte einer Blume greift, die in der linken Bildhälfte an einem hohen, schlanken Stiel wächst, während die andere Hand in abwehrender Haltung vor dem Leib der Frau schwebt, als wollte sie vor dem Pflücken der Blüte warnen – oder als sei sie sich zumindest darüber im Klaren, dass das, was die andere Hand tut, nicht erlaubt sei. Auch die Haltung von Beinen und Füßen, die leicht zu einander gedreht sind, verrät einen solchen Konflikt, verweist auf Unsicherheit oder Scham.

Die junge Frau steht auf einem kleinen, dunklen Hügel, auf dem diese eigenartigen, langstieligen Blumen wachsen, deren dunkelblaue, von einem weißen Kranz umgebene Blüten entfernt an weit geöffnete Augen erinnern.

Von dem Hügel aus fällt die Landschaft nach hinten hin leicht ab in ein Tal hinein, das in der Ferne von Bergen begrenzt wird. In diesem Tal steht ein dicker, knorriger, alter Baum mit mehrfarbigem Stamm und kräftig-dunkelgrünem Laub und daneben, ziemlich genau auf der Mittelachse des Bilds, ein dünner, wie ein Telegraphenmast gerade gewachsener, der vom Laub des knorrigen Baums größtenteils verdeckt wird. Im Gegensatz zu diesem scheint er gänzlich ohne Laub zu sein.

Eine Art hellgrüner Rasenstreifen leitet in die Tiefe des Bilds und zu den größtenteils blau gehaltenen Bergen im Hintergrund über. In der Ferne steht ganz am rechten Bildrand vor einem goldgelben Himmel eine Palme mit weit ausladenden Zweigen.

Das *Wie* der Darstellung: künstlerische Mittel

Wiederum können wir feststellen: Würden wir diese Beschreibung hören, ohne das Bild vor uns zu haben, würde unsere Fantasie zweifellos ein Bild vor unserem inneren Auge erstehen lassen, das sich deutlich von dem unterscheiden würde, was Gauguin auf seiner Leinwand geschaffen hat. Die von ihm gewählten künstlerischen Mittel weisen, das ist durch diesen Vergleich ohne weiteres zu erkennen, in eine gänzlich andere Richtung, als die bloße Beschreibung des *Was* der Darstellung erwarten ließe.

Indessen entspricht dieser Beschreibung, dass auch die Malweise des Bilds – zweifellos anders als die, welche wir in unseren Köpfen hätten – widersprüchlich ist. Gauguin charakterisiert seine auf den ersten Blick idyllische Darstellung auch mithilfe der verwendeten, künstlerischen Mittel als eine gebrochene.

Bildausschnitt

Der Bildausschnitt ist so gewählt, dass auf der einen Seite die junge Frau als Ganzfigur in Nahsicht zu sehen ist und auf der anderen der Blick über den Hügel hinweg in die Tiefe der Landschaft führt.

Durch diesen Kontrast rückt die Frau sehr dicht an den vorderen Bildrand, was noch dadurch unterstützt wird, dass ihr Kopf an ihrem Scheitel ganz leicht angeschnitten ist. Aber die Tatsache, dass die Frau nicht etwa nur als Brustbild, sondern als Ganzfigur zu sehen ist, bewirkt zugleich die Wiederherstellung einer gewissen

Distanz: Die Frau ist dem Betrachter zugleich nah – aufgrund ihrer Nacktheit fast unangenehm nah, denn der Betrachter dringt in ihren Intimbereich vor – und fern, nicht zuletzt der Blick sorgt für eine unüberwindliche Barriere.

Komposition

Während der Bildausschnitt die Spannung zwischen Nähe und Ferne spürbar macht, betont die Komposition die Teilung des Bilds in zwei nebeneinander stehende Hälften. Denn das Bild ist kompositorisch auffällig in eine rechte und eine linke Hälfte geteilt. Die rechte wird durch den Vordergrund dominiert, die linke dagegen wird nicht nur durch den tieferen Raum geprägt, sondern auch durch eine deutlich größere Vielfalt an Formen.

Es gibt nur wenige Verbindungen zwischen den beiden Hälften. Die auffälligste von ihnen ist der rechte Arm der Frau, der über den begrenzenden Baum in der Mitte hinweg in die linke Bildhälfte hinein reicht. Eine weitere Verbindung schafft eine leuchtend rote Fläche im oberen Teil des Bilds, die sich von dem alten, knorrigen Baum der linken Bildhälfte zum Kopf der Frau ausstreckt. Auch das Laub des knorrigen Baums ragt von der einen in die andere Bildhälfte, so wie der kleine Hügel im Vordergrund eine gewisse Verbindung herstellt.

Farben/ Farbigkeit

Während Mittel- und Hintergrund ausschließlich aus nahezu monochromen Farbflächen ohne jede Schattierung, die Plastizität und damit Räumlichkeit suggerieren würden, gebildet werden, ist der ockergelbe Körper der jungen Frau durch auffallende Schatten fast übermäßig und ein wenig steril modelliert. Dennoch wird auch er, wie einige der Farbflächen im übrigen Bild, von einer sauberen Konturlinie begrenzt.

Die starke Modellierung bewirkt gemeinsam mit dem sauberen Konturstrich eine gewisse geometrisch-abstrakte Wirkung. Die Beine erscheinen unbewegt wie Säulen und zugleich ein wenig unförmig, wie auch die Füße kräftig und klobig aussehen. In jedem Fall bekommt der ganze Körper, verstärkt durch die irritierende Diskrepanz der Inkarnattöne von Gesicht und Körper, etwas Fremdartiges – durchaus in einem gewissen Gegensatz zu dem, wie man die Darstellung einer jungen, sinnlichen Polynesierin mitten im Paradies einer blühenden Südseelandschaft erwarten würde.[19]

Während die gelbliche, stark modellierende Farbe des Körpers der Frau verwirrend, da technisch-distanziert wirkt, wählte Gauguin für die Darstellung der Landschaft kräftige Farben, die in verschiedenen Rot-, Blau- und Grüntönen leuchten und einer ganz anderen Farbskala anzugehören scheinen als das abgetönte Gelb des Inkarnats. Nicht immer sind die Farbflächen durch Konturlinien von einander getrennt; wo sie unmittelbar aufeinandertreffen, wird das Spiel der Farben und ihre Leuchtkraft umso reizvoller.

Ganz offensichtlich aber ist es nicht die Absicht Gauguins, Gegenstände farblich möglichst wirklichkeitsnah wiederzugeben. Denn selbst dort, wo Blumen oder Bäume erkennbar sind, weichen die Farben häufig in expressionistischer Manier von jenen Farben ab, wie sie die Gegenstände in der Wirklichkeit tragen (sog. Lokalfarben*). Das gilt nicht zuletzt für die Landschaft selbst. Die Farben werden so eigenständig, dass am Ende nicht mehr klar ist, ob das oben erwähnte, helle Grün tatsächlich einen Rasen und ein blauer Streifen im Mittelgrund einen

Wasserlauf darstellen oder ob es sich auch bei diesen um Farben ohne jeden gegenständlichen Bezug handelt.

Die Malweise entfernt also das Dargestellte von der Wirklichkeitsnähe, entzieht ihm ihren unmittelbaren Bezug zu dem, was der Erfahrungsschatz des Betrachters als ‚Wirklichkeit' oder als ‚Natur' bezeichnen würde. Die Farben, so könnte man sagen, lösen sich von der Gegenständlichkeit und bekommen einen eigenen Wert, der sich nach anderen Gesetzmäßigkeiten richtet als der der Abbildungstreue.

Räumlichkeit/ Perspektive

Zudem verwendet Gauguin keine stringente Perspektive,* zumindest nicht durch die Verwendung von Fluchtpunkten und einer entsprechenden, linearen Konstruktion. Es gibt zwar eine gewisse Staffelung der Körper in die Tiefe des Bildraums hinein, aber diese geschieht hauptsächlich durch ihre Größenverhältnisse und die Farbe, und auch hier nicht immer konsequent und folgerichtig. Während beispielsweise das Blau der Berge Raum schafft, wirkt das helle Grün, das den ‚Rasenstreifen' davor zu bezeichnen scheint, diesem Raumeindruck entgegen: das Grün steht wie ein Brett aufrecht da, ohne optisch auch nur einen Zentimeter in die Tiefe des Bilds hineinzuführen und damit eine Raumwirkung zu erzeugen. Wenn überhaupt könnte man in diesem Bild also von einer Luft- oder Farbperspektive* sprechen, die jedoch nicht konsequent eingesetzt wird. Stattdessen entsteht der Eindruck, dass der Einsatz der Farben spontan und rein intuitiv erfolgt ist.

Die Farben sind durchgehend klar von einander getrennt; an keiner Stelle geht eine Farbe allmählich in eine andere über oder würde schattiert – auch dies ein deutlicher Unterschied gegenüber dem Körper der nackten Frau.

An einigen Stellen sind Pflanzen zu erkennen oder Farbflecken deuten auf Gegenstände hin, die auf der Erde zu liegen scheinen; jedoch sind diese kaum näher bezeichnet, zudem sind sie aufgrund der unklaren Perspektive in ihrer relativen Größe nicht genau zu fassen. Sie bleiben in erster Linie Farbflecken.

Lichtführung

Wie Gauguin in Bezug auf die Farben und die Räumlichkeit nicht auf die Errungenschaften der jahrhundertealten Geschichte der abendländischen Malerei zurückgreift, so hält er es auch mit der Lichtführung: Sie scheint im Bild praktisch keine Rolle zu spielen. Zwar müsste die Modellierung des Frauenkörpers eine Lichtquelle links vom Bild voraussetzen, doch sind nur sehr wenige weitere Hinweise zu finden. So wirft beispielsweise der laublose Baum in der Mitte einen Schatten; auch der knorrige Baum scheint unter dem Laubwerk Schatten zu erzeugen, doch zeigt sein Stamm keinerlei Hell-Dunkel, das diese Annahme bestätigen würde; er bleibt flächig.

Perspektive und Räumlichkeit, die Behandlung der Körper mit Ausnahme des Körpers der Frau, Lichtführung und der Einsatz der Farben zeichnen sich also dadurch aus, dass sie sich nicht im Rahmen der traditionellen, akademischen Lehren der Malerei halten. Einzig in der Pinselführung scheint Gauguin, im Unterschied beispielsweise zu Vincent van Gogh (1853–1890), die gängige Regel anzuwenden, dass die Spuren des Pinsels in der Farbe unsichtbar bleiben sollen. Gauguin bedient sich nicht der Möglichkeit, mit Hilfe der Pinselführung Emotionalität und Bewegung oder bestimmte Lichtwirkungen in das Bild hinein zu bringen, so wie er es kurzzeitig tat, als er gemeinsam mit seinen impressionistischen Malerkollegen arbeitete.

Einbeziehung des Betrachters

Auch die Art der Einbeziehung des Betrachters gehört zu den künstlerischen Mitteln, derer sich ein Maler bedienen kann. Sie zählt in vielen Fällen sogar zu ihren reizvollsten, auch wenn sie häufig in so subtiler Weise verläuft, dass der Betrachter sie, wenn er sie nicht ausdrücklich thematisiert, nicht wahrnimmt.

Während sich Gauguin fast demonstrativ der Verwendung vieler, althergebrachter künstlerischer Mittel enthält, treibt er ein umso raffinierteres Spiel mit dem Betrachter. Dabei ist dieses Spiel wiederum voller Antagonismen. So präsentiert der Maler den nackten Körper der Frau in einer Weise, die seine Zeitgenossen unweigerlich als anstößig empfinden mussten: der Körper wird ohne jeden Versuch der schamhaften Verhüllung ausgestellt, sogar ohne eine künstlerische Verklärung der Geschlechtsmerkmale, wie sie in den Venus- oder Eva-Darstellungen innerhalb der abendländischen Kunstgeschichte seit Jahrhunderten üblich war. Verglichen beispielsweise mit Lucas Cranachs d. Ä. *Venus mit Amor als Honigdieb* (*Abb. 7*), von der Gauguin in Tahiti eine Reproduktion in seiner Hütte hängen hatte,[20] fehlt der Frau bei Gauguin sogar größtenteils jene Anmut, die eine schöne Frau für die Darstellung von Künstlerhand prädestiniert; bei Cranach wird sie nicht zuletzt durch den graziösen Tanzschritt in Verbindung mit einer anmutigen Drehung des Oberkörpers verstärkt, wodurch die weiblichen Formen des Frauenkörpers zusätzlich hervorgehoben werden. Bei Gauguin, dessen Frauenfigur der Venus Cranachs in vielerlei Hinsicht vergleichbar ist, wirkt dagegen alles handfester, weniger einem durch Jahrhunderte kultivierten Schönheitsideal verpflichtet. Spätestens mit der deutlichen Darstellung der Scham-Behaarung erteilt er einem solchen Schönheitsideal sogar eine unmissverständliche Absage.

Die Wirkung des nackten Körpers wird noch dadurch verstärkt, dass Gauguin die Frau so weit an den vorderen Bildrand heran rückt, dass die fast intime Nähe auf den Betrachter bedrückend wirkt. Zudem wird der begehrliche Blick des (männlichen) Betrachters irritiert durch die seltsame Art der Beleuchtung des Körpers, die den Betrachter zugleich anzieht und wegen der metallisch-säulenartigen Wirkung vor allem der Beine abstößt. Auch das sah bei Cranach ganz anders aus.

Anders als die Prostituierte in Manets *Le Déjeuner sur l'herbe* (*Abb. 5*) nimmt die junge Frau in *Te nave nave fenua* keinen Augenkontakt mit dem Betrachter auf. Obwohl Gauguin, wiederum anders als Manet, die Gestalt der jungen Frau so nahe an den vorderen Bildrand gerückt hat, stellt er durch ihren Blick, der ganz *innerhalb* des Bildraums verbleibt, und auch durch ihren linken Arm, der wie eine optische Barriere zwischen dem Betrachter und der Frau steht, eine Distanz her, die durch die eigenartig unsinnliche Art der Modellierung ihres Körpers noch verstärkt wird.

Der Betrachter wird auf vielerlei Weise eingeladen, näherzutreten und mit seinem Blick in den Bildraum einzutreten; beispielsweise könnte er sich innerhalb dieses paradiesischen Bildraums müßig ergehen; in einer Reihe von Bildern Gauguins sind Figuren in Mittel- und Hintergrund zu sehen, die genau dies tun (*Abb. 8*). Und eigentlich sollte auch der Körper einer schönen Polynesierin, noch dazu nackt, eine solche Einladung darstellen. Doch andererseits wirkt sie befremdlich abweisend und bildet nicht zuletzt durch ihren misstrauischen Blick ein Hindernis, an dem der Betrachter nicht vorbei kommt, mit dem er aber auch nicht in Kontakt treten kann; denn die Frau gehört einer *anderen* Wirklichkeit an, die ganz innerhalb des Bildraums bleibt.

Der Betrachter vor dem Bild sieht wie durch ein Fenster in diese fremde Welt hinein, die sich hinter dem Bild-Rahmen auftut, doch so sehr seine Sehnsucht ihn auch treiben mag, diese Welt zu betreten, wie Gauguin es tat, so unzugänglich bleibt sie ihm.

Fazit

Gauguin wählte für die Darstellung jener Frau inmitten der farbenfrohen Landschaft Tahitis eine Malweise, die gegenüber den Alten Meistern der abendländischen Kunstgeschichte zunächst nicht anders als ‚primitiv' zu bezeichnen ist.

Obwohl wir wissen, dass er es anders gekonnt hätte, malte er bis auf eine einzige Ausnahme auffallend flächig, unter Missachtung der über viele Jahrhunderte entwickelten Regeln von Perspektive oder Räumlichkeit und Lichtführung. Ganz bewusst, geradezu demonstrativ legt er die akademischen Regeln der Malerei ab und beschränkt sich stattdessen auf solche künstlerische Mittel, die fern jeden Anspruchs bleiben, Wirklichkeit adäquat abbilden zu wollen.

Auch das *Ablegen* akademischer Gepflogenheiten und scheinbarer Errungenschaften führt zu einer Bildsprache. Auch ein Defizit macht eine Aussage – zumal ein beabsichtigtes, bewusst gewähltes. Um die Eindrücke in Tahiti wiederzugeben, bedient sich Gauguin einer Bildsprache, die vor allem eines ist: einfach. Sie wirkt primitiv, in gewisser Weise sogar naiv; aber die intensive Betrachtung hat deutlich gemacht, dass sie alles andere als naiv im Sinn von einfältig und kritiklos ist. Trotz der einfachen Bildsprache hat das Bild ganz offensichtlich mehrere Sinnschichten, von denen bei näherem Hinsehen die tiefere die augenscheinlichere bricht. Das Bild ist nicht so vordergründig ‚schön', wie es aufgrund seiner leuchtenden Farben auf den ersten Blick erscheint.

FRATZEN UND MONSTER
GESTEUERTE SUGGESTION

Der Eindruck, dass das Bild *Te nave nave fenua* nicht so einfach und ‚schön' ist, wie wir es von Gauguins Bildern aus der Südsee vielleicht erwarten, bestätigt sich bei noch intensiverem Hinsehen.

So weit, wie wir mit unserer Beschreibung im vorigen Kapitel gekommen sind, werden die Betrachter des Bilds weitgehend einig sein. Die Formen und Gegenstände sind gut zu erkennen, die künstlerischen Mittel, die Gauguin verwendet oder aber bewusst vermieden hat, gut auszumachen. Widersprüche in der Darstellung sind kaum diskutierbar, zumal wenn wir Vergleichsbeispiele wie Cranachs *Venus mit Amor als Honigdieb* (*Abb. 7*) hinzuziehen. Bis zu diesem Punkt befinden wir uns auf dem Terrain des Sicheren und Nachprüfbaren unserer Bildanalyse und könnten fast von ‚objektiven' Beobachtungen sprechen – fast, denn selbstverständlich ist jede Beschreibung bereits eine Form der Interpretation, ganz besonders wenn es beispielsweise um die Deutung von Mimik und Gestik geht.

Das Bild lädt indessen dazu ein, in der Betrachtung an dieser Stelle nicht halt zu machen, sondern fortzufahren. Denn im Verlauf unserer Beschreibung sind wir auf einige Phänomene gestoßen, die unsere Imagination immer wieder in ein weniger eindeutiges und nachprüfbares Gebiet locken wollten. Wir haben Dinge gesehen oder zu sehen gemeint, von denen wir, da wir uns im Bereich des Nachprüfbaren zu bewegen vorgenommen hatten und nicht in das Bild *hinein* sehen wollten, was nicht *darin* steckt, glaubten, dass sie keine Berechtigung hätten, dass sie vielmehr allein unserer Suggestion und Fantasie entspringen würden. Daher haben wir uns – zu Recht – zurückgehalten und die Imagination in Fesseln gelegt.

Aber es gibt eine Stelle im Bild, an der Gauguin fast schon überdeutlich wird und uns unmissverständlich auffordert, weiter zu gehen. Hier ist kein Zweifel möglich: Obwohl das, was wir sehen und zu erkennen meinen, vernünftigerweise kaum denkbar erscheint, ist die Form, wenn man sie einmal entdeckt hat, so eindeutig, dass es geradezu ignorant wäre, unserer Imagination *keinen* Raum zu geben. Sie stellt gewissermaßen die ultimative Einladung des Malers dar, über die nüchterne und nachprüfbare Identifizierung hinauszugehen – auch wenn im Zuge einer nachvollziehbaren Bildanalyse selbstverständlich weiterhin Vorsicht geboten ist.

Genau auf der Mittelachse des Bilds, in der Höhe des Munds der nackten Frau, unterhalb einer horizontal verlaufenden, leuchtend roten, länglichen Farbfläche erkennen wir bei genauem Hinsehen eine tiefschwarze Form (*Abb. 9*), die, wenn wir unserer Imagination nachgeben, die Gestalt eines rattenartigen Tiers annimmt. Es scheint mindestens vier Beine zu haben, Füße mit drei spitzen Klauen und einen langen Rattenschwanz. Aus dem Dunkel des Kopfs leuchtet ein gefährliches Auge heimtückisch-drohend hervor. Manche Interpreten sehen die schwarze Form sogar mit der roten verbunden, letztere als Flügel; in diesem Fall würde es sich um eine geflügelte Echse handeln.[21]

Das Tier sitzt halb auf einem Ast des laublosen Baums, halb schwebt es im luftleeren Raum. Es duckt sich, als wollte es zum Sprung ansetzen, der auf das Gesicht oder die rechte Schulter der nackten Frau zielt. Die Bedrohlichkeit wird noch dadurch gesteigert, dass der Blick der Frau in die andere Richtung geht und sie den bevorstehenden Angriff nicht zu erwarten scheint.

Selbstverständlich kann all das eigentlich nicht sein. Während unserer früheren Bildbeschreibung haben wir eine solche Assoziation gerade deswegen ausgeblendet, weil wir so etwas nicht für möglich halten: ein schwarzes, dämonisches Tier in einem Südseebild, noch dazu in unbestimmter Räumlichkeit halb schwebend neben dem Gesicht der Frau – das muss ein Irrtum sein, das sehen wir sicherlich falsch; so lautet eine gängige Formel der freiwilligen Selbstzensur im Verlauf der Betrachtung eines Bilds.

Aber je länger wir hinsehen, desto klarer wird, dass unsere Assoziation nicht unbegründet ist. Gauguin hat diesem schwarzen Farbfleck tatsächlich so sehr die Form eines Tiers mit Klauen, langem Schwanz und einem heimtückisch leuchtenden Auge gegeben, dass wir daran in Zukunft nicht mehr vorbeikommen werden. Es ist für uns von nun an auf den ersten Blick sichtbar.

Kann es sich um einen Zufall handeln? – Wenn wir Gauguins eigenen Worten Glauben schenken, sollte das nicht möglich sein. In einem Interview sagte er 1894, also in unmittelbarer, zeitlicher Nähe zu dem Bild *Te nave nave fenua*: „Alles in meinem Werk ist kalkuliert, lange durchdacht.“[22] Demnach ist die Wirkung dieser schwarzen Form und ihre Deutung als dämonisches Tier durch den Betrachter kein Zufall, sondern vielmehr beabsichtigt, genau kalkuliert.

Zur Gewissheit wird diese Annahme, wenn wir die Entstehungsgeschichte von Gauguins Buchs *Noa Noa* hinzuziehen, das 1893 nach seiner Rückkehr aus Tahiti entstand. Gauguin wollte der ersten Ausgabe eine Serie von zehn Holzschnitten anfügen, die auch eine entsprechende Fassung von *Te nave nave fenua* enthielt. Auf diesem Abdruck wird sogar noch deutlicher als im Gemälde, wie wichtig dem Künstler gerade das schwarze, ratten-

oder hier eher echsenartige Tier war: Im Holzschnitt ist es noch größer und deutlicher zu erkennen als im Gemälde und zieht die Aufmerksamkeit fast mehr auf sich als die verhältnismäßig dunkle Gestalt der jungen Frau, deren Nacktheit und Griff nach der Blüte aufgrund der groben Ausführung des Holzschnitts an dieser Stelle kaum erkennbar sind.

Damit können wir als sicher ansehen, dass mit der auf den ersten Blick nur suggestiv wahrnehmbaren Gestalt im Gemälde wirklich ein dämonisches Tier gemeint ist, das der Frau bedrohlich nahe kommt.

Indessen ist dieses Tier auf der Mittelachse des Bilds nicht die einzige Stelle, an der die Imagination des Betrachters ansetzen und Formen assoziieren kann, die sich im Endeffekt der Kontrolle des Malers entziehen.

- Beispielsweise erinnert die rote Form oberhalb des rattenartigen Dämons ebenfalls an ein Tier; der Kopf scheint dem spitzen Kopf eines Fuchses zu ähneln, während die hängenden Ohren eher an einen Hund denken lassen. Tatsächlich begegnen in verschiedenen Bildern Gauguins vergleichbare Köpfe, die sowohl zu fuchsartigen Tieren[23] als auch zu Hunden[24] gehören können. Mit ihnen verbindet Gauguin jeweils verhältnismäßig präzise formulierte Bedeutungen.[25]

- Auch der Stamm des knorrigen Baums am linken Bildrand regt dazu an, an seinem unteren, hellen Ende ein Gesicht mit schmalen, stechenden Augen und einem grinsenden Mund zu erkennen.

- Und diesem gegenüber am rechten Bildrand regt vielleicht eine Art Bodenwelle dazu an, ein Gesicht zu sehen, diesmal mit einem raubvogelartigen Schnabel und kleinen, runden Augen (*Abb. 10*).

Jeder Betrachter wird seine eigenen Assoziationen haben und, einmal dazu aufgefordert, Strukturen erkennen, die er in je eigener Weise deuten kann. Beispielsweise sieht der englische Kunsthistoriker und Gauguin-Spezialist Alastair Wright in der zuletzt genannten Konstellation von Farben und Formen einen „Glatzköpfigen mit hochgezogener Schulter, der am Boden kauert.“[26] Wem dies zu weit geht oder wer den ‚Glatzköpfigen‘ nicht erkennen kann, sieht deswegen nicht etwa ‚falsch‘. Gauguin bedient sich ganz bewusst einer uneindeutigen, unkonkreten Darstellungsweise, die nicht weitergeht, als die Suggestion des Betrachters herauszufordern. In diesem Fall *soll* dieser etwas in das Bild hinein sehen, das nur angedeutet ist und für den Betrachter nicht mehr als eine Ahnung bleibt. Er kann es mit Hilfe seiner Fantasie konkret werden lassen und ausschmücken, aber er wird sich nie sicher sein, ob auch der Maler es so gesehen hat oder es so gesehen haben wollte.

Ebenen des Sehens

Wright, der sich nicht zuletzt mit Gauguins in Tahiti entstandenen Zeichnungen bestens auskennt, hat kürzlich zeigen können, dass der Maler sich tatsächlich sehr für den Vorgang suggestiven und assoziativen Sehens interessierte. Gauguin war fasziniert von der Möglichkeit, „durch gemalte Objekte solche doppelten Lesarten hervorrufen zu können.“[27] Einige Jahre später beobachtete er, dass in Werken einheimischer Bildschnitzer immer wieder Formen auftauchen, die an menschliche Körperteile, vor allem Gesichter, erinnern:

> „Man ist erstaunt, da ein Gesicht zu finden, wo man eine merkwürdige geometrische Form vermutete.“[28]

Gauguin selbst beschäftigte sich in Skizzen damit, Gesichter in die Darstellung der Natur einzubetten und auf diese Weise auf eine Wirklichkeit *hinter* der sichtbaren Wirklichkeit, auf eine andere Ebene des Sehens und damit des Seins zu verweisen. In der polynesischen Mythologie wurde diese Wirklichkeit durch Naturgeister personifiziert, welche, in Gauguins eigenen Worten,

> „auf gewisse Weise als Vermittler und Demarkationslinie zwischen organischen und unorganischen Lebewesen dienten."[29]

Hinweise auf eine solche doppelte Lesbarkeit der Wirklichkeit fand Gauguin nicht allein in den Kunstwerken der einheimischen Bildschnitzer, sondern auch in der Natur. In Tahiti scheint er sich regelrecht auf die Suche nach solchen Hinweisen gemacht zu haben. In seinem Buch *Noa Noa* beschrieb er 1893 ein solches Erlebnis:

> „Auf dem purpurfarbenen Boden lange schlangenförmige Blätter in metallischem Gelb, ein ganzes orientalisches Vokabular – Buchstaben (so schien mir) einer unbekannten, geheimnisvollen Sprache.
> Ich glaubte, dieses aus Ozeanien stammende Wort zu sehen: ATUA – Gott."[30]

Als Folge dieses Interesses und seiner eigenen Studien lässt er den Gedanken der doppelten Lesbarkeit in seine Bilder einfließen. Entsprechende Hinweise sind nur selten so eindeutig, wie es in *Te nave nave fenua* in Form des dämonischen, schwarzen Tiers der Fall ist. Um die ‚Buchstaben einer unbekannten, geheimnisvollen Sprache' als solche zu erkennen, muss in jedem Fall der Mut aufgebracht werden, Imagination und Suggestion einzusetzen und das Geländer der verlässlichen Nachprüfbarkeit loszulassen. Die Assoziationen werden dabei immer subjektiv und damit diskutierbar bleiben.

So ist beispielsweise in *Nave nave moe* („Köstliche Geheimnisse, süße Träume“, *Abb. 11*) auf den ersten Blick zweifellos eine idyllische Szene inmitten der paradiesischen Landschaft Tahitis zu sehen. Aber wer will, der kann in der auffälligen, leuchtend roten Struktur, die sich von rechts in das Bild hineinschiebt, ein dickes, schlangenartiges Wesen erkennen, das sich züngelnd und mit einem eigenartig kalten Auge drohend den beiden im Vordergrund sitzenden Frauen nähert. So deutet sie auch Wright und nimmt damit die schon beobachtete Brechung der vordergründig idyllischen Darstellung auf: „Die Attribute der beiden melancholischen Frauen im Vordergrund – der Heiligenschein bei der einen, der Apfel bei der anderen – verweisen auf die Freudlosigkeit eines christianisierten Tahiti und auf den Sündenfall im Kontrast zur ungehemmteren Ausübung alter Riten, wie sie im Hintergrund zu sehen ist.“[31]

Kennzeichen der Moderne

Dass eine solche zweite Ebene des Sehens eingezogen wird, die für den Betrachter nicht eindeutig ist, sondern ihn in den Bereich der Mehrdeutigkeit und der Subjektivität führt, die zudem nur suggestiv, nicht aber sicher identifizier- und lesbar ist, macht eines der prägendsten Kennzeichen moderner Kunst aus.

Während die Kunst vor dem Ende des 18. Jahrhunderts stets eindeutige Botschaften vermittelte, die dem christlich geprägten, festgefügten Weltbild der Gesellschaft entsprachen, bricht mit der Aufklärung und in der Folge der Französischen Revolution dieses verlässliche Weltbild in sich zusammen und macht einer zunehmenden Verunsicherung Platz, die zu Individualität und Subjektivität führt. Seither ist jeder Mensch dazu aufgefordert, mithilfe dessen, was er um sich herum vorfindet, eine eigene Deutung der Welt zu entwickeln. In der Kunst führt das zur modernen Uneindeutigkeit: Sie hat nicht mehr den Anspruch, allgemeingültige *Antworten* zu liefern, sondern entwickelt sich zunehmend zu einem Katalysator für *Fragen*.

Vor diesem Hintergrund wird auch das Vorgehen Gauguins verständlich. Er selbst befindet sich auf der Suche. In Tahiti trifft er auf Anknüpfungspunkte, die ihm für eine kurze Zeit Ansätze für Antworten zu liefern versprechen. Doch gelangt er selbst auf diesem Weg nie zu einer Eindeutigkeit – er sucht nach dem Paradies, und für einen Augenblick scheint es ihm zum Greifen nahe. Doch dann muss er erkennen, dass das Paradies verloren bleibt. Und dies äußert sich in seiner Bildsprache wie in seinen Bildaussagen. Sie provozieren, regen an, zeigen Möglichkeiten auf – doch letztlich bleiben die Fragen unbeantwortet. Der Maler kennt die Lösung selbst nicht und drängt dem Betrachter auch keine solche auf. Er bietet nichts weiter als einen *Anfang*, von dem der Betrachter ausgehen kann. *Gehen* indessen muss er selbst, und das, ohne das Ziel und das Ende zu kennen. Der moderne Maler ist dem Betrachter seiner Bilder nicht mehr voraus, beide stehen mit ihren Fragen am gleichen Ausgangspunkt. Diesen aber markiert das Bild.

KUNST IM KONTEXT
GAUGUIN IN TAHITI

Am 4. April 1891 schiffte sich Gauguin zu seiner Reise in die Südsee ein. Von Mitte 1891 bis Mitte 1893 lebte er auf Tahiti, zunächst für kurze Zeit in der Hauptstadt Papeete. Durch die ersten Erfahrungen in der Stadt ernüchtert, zog er sich jedoch schon bald in ein Dorf im Urwalddistrikt Mataiea, 45 Kilometer südlich von Papeete auf der anderen Seite der Insel, zurück, um der ‚Karikatur der französischen Gesellschaft im weißen Kolonialanzug' zu entkommen, wie er selbst es formulierte. In Mataiea versuchte er, gemeinsam mit der einheimischen Bevölkerung und möglichst auch wie sie zu leben. Veranlasst durch verschiedene Krankheiten, Vereinsamung und akuten Geldmangel kehrte er schließlich nach zwei Jahren nach Paris zurück.

Seine Hoffnung, dort die in Tahiti entstandenen Werke zu verkaufen und damit seine finanziellen Schwierigkeiten zu beseitigen, erwiesen sich schnell als eine Illusion. Da er beobachtete, dass das Publikum in Paris seinen Bildern irritiert, skeptisch und schließlich ablehnend begegnete, entschloss er sich zu einer Publikation, die, wie er in einem Brief im Oktober 1893 schrieb, „für das Verständnis meiner Malerei sehr nützlich sein wird."[32] So entsteht *Noa Noa* – zu deutsch: „Wohlgeruch" oder „Duft".[33]

Noa Noa

Das Buch wird häufig als autobiographische Erzählung oder Reisebericht bezeichnet. Anders als die bekannten Tahiti-Reiseberichte von Louis-Antoine de Bougainville (1729–1822), James Cook (1728–1779) oder Georg Forster (1754–1794) handelt es sich bei *Noa Noa* aber eher um eine literarische Inszenierung, mit der Gauguin bei seinem französischen Publikum Interesse und Verständnis für seine Malerei wecken wollte.

Die Lektüre ist heute schwierig, da Gauguin nicht einfach Tagebuch schrieb und von seinen Erlebnissen berichtete, sondern seine vor Ort gemachten Notizen so umarbeitete, dass die Erwartungshaltung seiner potentiellen Leser in sein Schreiben einfloss. Da ihm dies trotz seiner regen Schreibtätigkeit schwer zu fallen schien, holte er sich zudem Hilfe bei einem seiner Freunde, dem Schriftsteller Charles Morice (1860–1919).

So entstanden in der Folgezeit mehrere Manuskripte, deren Verhältnis zueinander heute ebenso wenig klar ist, wie die Anteile von Gauguin und Morice nur schwer zu bestimmen zu sein scheinen. Aus verschiedenen Gründen verzögerte sich die Herausgabe im Druck immer wieder. Eine erste Ausgabe erschien 1897, jedoch sah schon diese ganz anders aus, als es in Gauguins ersten Planungen vorgesehen war. Einerseits handelte es sich nur um Auszüge (in *La Revue Blanche*, 15.10. und 01.11.1897), andererseits fehlten die zehn Holzschnitte, die Gauguin dem Text ursprünglich hatte beifügen wollen.

Die erste vollständige Ausgabe von *Noa Noa* – auch sie ohne die Holzschnitte – erschien 1901 in Paris.

Noa Noa als Ausdruck der Hoffnungen Gauguins

Wenn wir das Buch auch als mit Blick auf den französischen Buch- und Kunstmarkt idealisierte, zugleich vereinfachte Sicht auf Tahiti verstehen, so verrät es uns dennoch Einiges über die Hoffnungen Gauguins, mit denen er nach Tahiti kam. Diese Hoffnungen sind im Übrigen nicht *vollständig* enttäuscht worden, immerhin kehrte

Gauguin später in die Südsee zurück und blieb dort bis zu seinem Tod 1903.

Das Konzept des Buchs folgt der seit dem späten 18. Jahrhundert verbreiteten Gegenüberstellung von Natur und Kultur.[34] Gauguin erlebt sich selbst als ‚Kulturmenschen', der sich in erster Linie durch die Entfremdung von einem einfachen, wahrhaftigen, heute würden wir sagen: ganzheitlichen Lebenswandel auszeichnet. In einem Interview sagt er vor seiner Reise zu Beginn des Jahres 1891:

> „Ich gehe fort, um Ruhe zu finden, um mich vom Einfluss der Zivilisation zu befreien. Ich will nichts als einfache Kunst schaffen; dazu muss ich wieder in die jungfräuliche Natur eintauchen, nur Wilde sehen, ihr Leben leben, ohne anderes Interesse als die Ideen in meinem Kopf wie ein Kind wiederzugeben, nur mit Hilfe primitiver Kunstmittel, der einzigen guten, der einzigen wahren."[35]

In Tahiti hofft der durch die Zivilisation deformierte Kulturmensch auf die so genannten Wilden der Südsee zu treffen, die für ihn die Ursprünglichkeit eines vollständig natürlichen Lebenswandels verkörpern.

Allerdings muss er nach ihnen zunächst einmal suchen. Von seiner Ankunft in Papeete an beschleicht ihn der Verdacht, dass das erhoffte Paradies selbst an den Antipoden nur noch in Rudimenten zu finden ist; dieser Verdacht erhärtet sich, je weiter er in das Leben der indigenen Bevölkerung Tahitis eindringt. Denn die europäische Vorstellung von Zivilisation und vor allem die rege Tätigkeit christlicher Missionare, die den ‚Wilden' die christliche Botschaft und damit das christliche Moralverständnis aufzwangen, war bereits so tief in das Leben der einheimischen Bevölkerung eingedrungen, dass von einer ‚Ursprünglichkeit' kaum mehr die Rede sein konnte.

Schon nach ganz kurzer Zeit findet sich diese gebrochene, desillusionierte Sicht in Gauguins Werken wieder.

Tahiti

Tahiti war wohl 1767 von dem Engländer Samuel Wallis (1728–1795) entdeckt, 1842 zum vorläufigen französischen Protektorat und nach der Abdankung des letzten Königs Pomaré V. 1880, dessen Begräbnis Gauguin bei seiner Ankunft in Papeete miterlebte, zur französischen Kolonie erklärt worden. Seither führten französische Beamte dort offenbar ein weitgehend ungeniertes Herrenleben auf Kosten der einheimischen Bevölkerung, welche sie für minderwertig und kulturell zurückgeblieben hielten und sie entsprechend ausnutzten.

Gauguins Schein-Initiation als Maohi

Wie weit *Noa Noa* als Tatsachenbericht zu lesen und entsprechend wörtlich zu verstehen ist, bleibt unter den Fachleuten umstritten. Zweifellos gibt es zahlreiche Unstimmigkeiten, die auf den hohen Grad an Inszenierung hinweisen, derer Gauguin sich mit Blick auf das französische Publikum bediente. Doch selbst wenn Gauguin Tatsachen ändert, so tut er dies mit der Absicht, sein Erleben der Wirklichkeit auf Tahiti durch eine Schärfung der Darstellung nur umso deutlicher werden zu lassen. Entsprechend werden wir im Folgenden *Noa Noa* nicht als authentische Beschreibung Tahitis lesen, sondern als Zeugnis für Gauguins Erleben der Südseeinsel und ihrer Gesellschaft.

Aus dem Text geht hervor, dass Gauguin die Hauptstadt Papeete in der Folge der Kolonialisierung durch die Franzosen und die Prägung durch christliche Missionare als weitgehend ‚europäisiert' erlebt, die dort lebenden Maohi selbst beim Tod ihres letzten Königs als weitgehend teilnahmslos und ohne Bewusstsein für die politischen und kulturellen Entwicklungen. Nach kürzester Zeit wendet er sich ab und macht sich auf die Suche nach dem alten, dem ursprünglichen Tahiti, das ihm in den verklärenden Berichten in Paris als das verlorene Paradies geschildert worden war und auf das sich die Sehnsüchte vieler ‚Kulturmenschen' richteten. Er reist von Papeete aus an der Küste entlang, bis er auf einen Ort stößt, an dem er die Lebensform der ‚Wilden' noch weitgehend unberührt von den kolonialistischen Einflüssen vorzufinden meint.

Er mietet und bezieht eine Hütte im Urwald, freundet sich mit den dort lebenden Einheimischen an, lernt ihre Sprache,[36] beobachtet ihre Gebräuche, hört ihre Erzählungen an und vertieft sich in ihre Geisterwelt. Langsam passt er auch seine Lebensform der ihren an. In *Noa Noa* schreibt er:

> „Die Zivilisation weicht nach und nach von mir, und ich beginne, einfach zu denken, empfinde wenig Haß für meinen Nächsten und funktioniere animalisch, frei."[37]

In eine moderne Sprache übersetzt, könnte man diese Stelle so interpretieren, dass der sich selbst entfremdete Kulturmensch Gauguin den *Augenblick* entdeckt – oder es im Nachhinein so darstellt, als *hätte* er ihn entdeckt – und lernt, frei und unbeschwert im Hier und Jetzt, statt ständig von den Sorgen um die Zukunft bedrückt zu leben. In seiner Darstellung erweckt er den Eindruck, als habe er in jener Zeit zur inneren Einheit zurückgefunden, die nicht an Besitz, Reichtum und gesellschaftlichen Rang geknüpft ist, sondern aus dem einfachen, anspruchslosen, unmittelbaren Leben und aus der erlebten Identität mit sich selbst entspringt.

Ja, Gauguin geht sogar noch weiter. Durch die Schilderung einer Episode, die er zum Schlüsselerlebnis stilisiert, markiert er in einer Weise, die dem europäischen Publikum geradezu als anstößig erscheinen musste, seine Befreiung von den abendländisch-christlichen Moralvorstellungen und sein Eintauchen in eine ‚animalische' Natürlichkeit, die er als Kern eines ‚wilden' Lebens kennzeichnet.

Er schildert, wie er während einer Wanderung durch den Urwald für einen Augenblick die überwältigende Erfahrung vollkommener Einheit mit der Natur gemacht habe. Für diesen einen Augenblick, dessen Nachwirkung in seinem Leben offen bleibt, ist er frei von den bedrückenden Prägungen der Zivilisation und fühlt sich eins mit der Natur und der Gesellschaft der ‚Wilden'.

Konsequenterweise nimmt diese Erfahrung ihren Ausgangspunkt in einem erotischen Begehren, das innerhalb der christlichen Moralvorstellung als sündhaft angesehen wurde. Es ergreift ihn, der sich als „fast ein Greis an Körper und Seele und an Laster der Zivilisation" erlebt, inmitten der ungezähmten, überwältigenden Natur angesichts „dieser völligen Harmonie mit der Natur, die uns umgab".[38] Spontan spürt er das eigene Gewissen, das gegen dieses von ihm als unnatürlich diskreditierte Begehren ankämpft, das es als ‚Verbrechen' und ‚böse' deklariert.

> „Dieser junge Mann war vollendet schön […]. Wir gingen beide völlig nackt, mit den Kleidern am Gürtel und der Axt in der Hand […]. Sein animalisch-geschmeidiger Körper hatte graziöse Formen, er ging geschlechtslos vor mir her …
> Von all dieser Jugend, dieser völligen Harmonie mit der Natur, die uns umgab, gingen eine Schönheit und ein Duft

(*noa noa*) aus, die meine Künstlerseele entzückten. Diese Freundschaft, die durch die wechselseitige Anziehung des Einfachen und des Differenzierten gefestigt war, ließ Liebe in mir wachsen.
Und wir waren nur zu zweit.
Ich spürte etwas wie ein Vorgefühl von Verbrechen, ein Verlangen nach dem Ungekannten, ein Erwachen des Bösen. Dann Überdruß an der Rolle des Mannes, der immer stark, beschützend sein muß; starke Schultern zum Tragen. Eine Minute lang das schwache Geschöpf sein, das liebt und gehorcht.
Ich näherte mich, ohne Furcht vor den Gesetzen, Verwirrung im Kopf."[39]

Dann aber wendet sich der Jüngling, der vor dem Maler hergeht, um und im nächsten Augenblick sieht Gauguin nur noch den geschlechtslosen Jüngling in ihm, einen Freund, und er hat das Tal der Versuchung durchschritten und seine Katharsis* durchlebt. Er fühlt sich mit dem Maohi verbunden und zugleich eins mit der Natur. Zum Zeichen dafür taucht er wie bei einer Taufe in das Wasser des Flusses ein, an dem sie entlanggegangen sind, und spürt nicht einmal dessen Kälte, denn er ist eins mit ihm.

„Plötzlich kehrte Ruhe in meine Seele zurück, und diesmal genoß ich freudig die Frische des Flusses und tauchte mit Wonne hinein. ‚*Toetoe*', sagte er (es ist kalt). ‚Oh nein!' erwiderte ich; und diese Verneinung, eine Antwort auf mein vorheriges Verlangen, drang wie ein Echo in den Berg ein."[40]

Das Begehren, das Gauguin mitten im Urwald empfindet, erlebt er als unmittelbare, überwältigende Äußerung der allumfassenden Natur, die durch keinerlei kulturelle Entwicklung gebrochen ist. Denn ‚Kultur' steht für ihn in diesem Augenblick in erster Linie für ‚Moral', noch dazu eine christlich geprägte Moral, die er als unnatürlich, einschränkend und außerdem verlogen erlebt. Ein entsprechender künstlerischer Ausdruck findet sich in seinen Bildern allenthalben in der Gegenüberstellung der gewohnten Kleidung vor allem der Tahitierinnen mit jener, die ihnen die Missionare aufzwingen (vgl. *Abb. 8*). Gauguin wählt dafür durchgehend ein bis zum Hals geschlossenes Kleid, dessen unnatürliche Hermetik noch durch den scharfkantigen, weißen Spitzenkragen betont wird. Gerade in *Nafea faa ipoipo?* („Wann heiratest du?"), das in unmittelbarer Nähe zu *Te nave nave fenua* 1892 entstand, ist dieser Gegensatz thematisiert, indem die eine Frau, in dem von den Missionaren eingeführten Hängekleid, der anderen einen Weg zu weisen versucht, der bei dieser ein solches Unbehagen auslöst, dass sie sich buchstäblich windet und zur Flucht in die entgegengesetzte Richtung anzusetzen scheint.

In Gauguins Initiations-Erlebnis wird aus der vom Christentum verteufelten Körperlichkeit etwas Natürliches und damit Unschuldiges. Selbst die ständige Nacktheit der ‚Wilden' wirkt in diesem Zusammenhang keineswegs anstößig, sondern eher paradiesisch. Sie ist nicht etwa Zeichen moralischer Verderbtheit, wie es in zeitgenössischen Reiseberichten nicht selten zu lesen ist, sondern sie gibt, wie es in der Bearbeitung von *Noa Noa* durch Morice heißt, „den Sitten eine natürliche Unschuld und vollkommene Reinheit."[41] Die Nacktheit gehört zum Paradies wie die Frucht zum Baum der Erkenntnis.

In der bearbeiteten Version wird die Szene im Nachhinein ausdrücklich als Kampf dargestellt, vergleichbar der biblischen Episode des *Kampfs Jakobs mit dem Engel*,[42] mit der sich Gauguin schon früher beschäftigt hatte (*Abb. 12*) und die seit Jahrhunderten als archetypisches Bild für innere Auseinandersetzungen des Menschen gilt. In seinem Geist habe, so legt es Morice Gauguin in den Mund, „eine ganze verderbte Zivilisation“ mit ihm gekämpft, während die Natur diesem Kampf zusah. Nach dem Ende des Kampfs aber, nach dem Sieg über seine kulturelle Prägung,

> „antwortete sie auf meinen Siegesruf mit ihrer klaren Stimme, daß sie nach dieser Prüfung willig sei, mich in die Reihe ihrer Kinder aufzunehmen.“[43]

Und dieser „letzte Abschied von der Zivilisation: vom Bösen“, in dessen Folge sich Gauguin der Natur in niegekannter, elementarer Weise verbunden fühlt, mündet in den jubelnden Ruf:

> „Ja, von nun an ist der alte Kulturmensch verschwunden, tot. Ich ward wiedergeboren – oder vielmehr ein anderer Mensch, ein reiner, stärkerer erstand in mir. [...] Gierig atmete ich die herrliche, reine Luft ein. Von nun an war ich ein andrer Mensch: ein wahrer Wilder, ein echter Maorie.“[44]

GAUGUINS BILDSPRACHE

Gauguin hat seine neuartige Bildsprache nicht erst in Tahiti entwickelt. Er hat damit schon in den 1880er Jahren begonnen, in der Zeit seiner Ablösung vom Impressionismus, als er sich immer wieder für längere Zeit in der Bretagne aufhielt und hier die Landbevölkerung malte (*Abb. 12*). Im Unterschied zu den Impressionisten, die sich in seinen Augen allzu sehr auf die visuelle Erscheinung konzentrierten, suchte er nach künstlerischen Mitteln, die in der Lage sein sollten, seinem eigenen Anliegen an die Kunst und – vor allem – an das Leben, seiner Sehnsucht nach Einfachheit und Unmittelbarkeit Ausdruck zu verleihen.

Einfachheit

Deutlich ist das an *Vision nach der Predigt* zu erkennen. Gauguin hat das Bild 1888 in Pont-Aven in der Bretagne gemalt.

Bei einem Vergleich mit einem früheren Bild wie der *Nähenden Suzanne* (*Abb. 3*) aus dem Jahr 1880 wird nachvollziehbar, wie Gauguin von einer am Spiel des Lichts auf Oberflächen interessierten, raffinierten Malweise zu einem flächigen, geradezu plakativen Stil übergeht, der kaum malerisch-technischen Reiz auf den Betrachter ausübt. Modellierungen lässt er nurmehr ausnahmsweise zu. Um die Farbflächen zieht sich an vielen Stellen ein deutlich erkennbarer Konturstrich, der den angestrebten Eindruck kindlicher Einfachheit der Malweise betont. Gauguin lässt eine stringente Lichtführung weitgehend außer Acht, wie er sich auch nicht mehr für die Wirklichkeitsnähe der Darstellung beispielsweise in Form anatomischer Genauigkeit interessiert – alles künstlerische

Mittel, die in der abendländischen Kunstgeschichte über Jahrhunderte hinweg eine große Rolle gespielt hatten. Stattdessen sind seine Figuren massig, fast unförmig, zum Teil sogar klischeehaft. Die Farben sind kräftig, und Licht und Farben gemeinsam schaffen eine leuchtende Atmosphäre, die geradezu zum Prägenden des Bildeindrucks wird. Gauguin hat eine Bildsprache entwickelt, die wenig später die primitivistische Bewegung innerhalb der europäischen Kunstgeschichte inspirieren wird, allen voran Picasso mit seinen *Demoiselles d'Avignon* (*Abb. 2*).

Gauguin wählt, wie jeder ernstzunehmende Künstler, seine künstlerischen Mittel mit Bedacht. Noch 1891, bei seinem Aufbruch in die Südsee, ist es sein ausdrücklicher Wunsch, zur Einfachheit der Malerei (zurück) zu finden: „Ich will nichts als einfache Kunst schaffen", sagt er in dem schon erwähnten Interview kurz zuvor, und die Mittel, die diesem Wunsch entsprechen, müssten „primitiv" sein: als solche seien sie die „einzigen guten" und die „einzigen wahren."[45]

Gerade dieser Weg wird es sein, auf dem Gauguin gemeinsam mit Paul Cézanne (1839–1906) und Vincent van Gogh (1853–1890) in der Einschätzung der Nachwelt zu einem der ‚Väter der Moderne' werden wird. Obwohl an dieser Einschätzung nicht nur der Begriff der Moderne fragwürdig ist, äußert sich darin doch die Tatsache, dass Gauguin wie Cézanne und van Gogh mit seinem neuartigen Stil die nachfolgende Kunstgeschichte richtungweisend geprägt hat. Alle Künstler, die sich seit Beginn des 20. Jahrhunderts von diesem Stil inspirieren ließen, glaubten etwas darin zu finden, das ihrer eigenen Tradition – der Tradition der abendländischen Malerei und ihrer akademischen Lehre – in ihren Augen *fehlte*: das Echte, Ursprüngliche, Wahrhaftige, Elementare, das sich nur auf ungekünstelte, einfache Weise äußern kann.

Gauguins neue Bildsprache ist also, wie *Vision nach der Predigt* zeigt, keineswegs eine Folge seiner Reisen in die Südsee, entstanden als Ausdruck der dortigen Erfahrungen. Es ist eher umgekehrt: Gauguin geht in die Südsee, weil er nach einem Leben sucht, das ein Äquivalent zu seinen einfachen, ungekünstelten künstlerischen Mitteln bildet.[46] Seine Suche nach dem verlorenen Paradies in Tahiti entspricht dem Traum von einem einfachen, wahrhaftigen Leben, dem er vor seinem Aufbruch in die Südsee 1891 schon in der Bretagne nachgegangen war. Er will von der rationalisierten Kultur der entfremdeten, industrialisierten Gesellschaft zurück zur Natur bzw. einem natürlichen Lebensstil oder, wie er selbst es gelegentlich nennt, zum ‚Barbarischen'. Mit solchen Formulierungen macht Gauguin deutlich, dass er als Mensch und als Maler ganz von vorn anfangen will, ohne den Ballast des raffinierten Regel- und Zeichensystems einer hochentwickelten, jahrhundertealten und mittlerweile im Verfall begriffenen Kultur. Oder, wie er es 1895 noch einmal anders sagte:

> „Um sich zu erneuern, muss man zu den Quellen hinabsteigen, ins Kindesalter der Menschheit."[47]

Die Tradition der christlichen Bilderwelt

Als Gauguin in der Südsee als diesem vermeintlichen ‚Kindesalter der Menschheit' ankommt, bleibt er trotz seiner Desillusionierung ein hochreflektierter Beobachter. Er ist sich darüber im Klaren, dass er es letztlich selbst ist, der seine angestrebte Rück-Verwandlung in einen ‚Wilden' verhindert, weil er seine kulturelle Prägung in sich trägt; er bringt sie mit, indem er *sich selbst* mitbringt, die Persönlichkeit eines in sich gespaltenen, heimatlosen, suchenden Mannes, der noch dazu als europäischer

Künstler in einer Tradition steht, von der er trotz aller Vereinfachung der künstlerischen Mittel letztlich nicht loskommt.

Zu dieser Tradition gehört wesentlich die christliche Bilderwelt bzw. Ikonographie*, wie der Fachbegriff lautet. Tatsächlich ist Gauguin tief in dieser Bilderwelt verwurzelt. Das wird auch an seinen Werken aus der Südsee deutlich. So begegnen wir selbst dort, wo es nicht offensichtlich um christliche Themen geht, an vielen Stellen Rudimenten christlicher Motivik, derer sich Gauguin bedient, um sie in über-christlichem, anthropologischem Sinn einzusetzen.

In *Nave Nave moe* (*Abb. 11*) beispielsweise stellt er von den beiden im linken Vordergrund sitzenden Frauen die eine mit einem Heiligenschein, die andere mit einer Frucht in ihrer Hand dar, zweifellos implizite Verweise auf Maria, die Mutter Gottes, und Eva, die so genannte Urmutter und legendäre Urheberin des Sündenfalls; zumindest der ansonsten kaum erklärbare Nimbus fordert eine solche Deutung heraus. Dennoch kommt angesichts des Bilds nicht der Gedanke auf, dass diese beiden biblischen Figuren tatsächlich dargestellt wären. Vielmehr isoliert Gauguin durch die Verwendung der christlichen Ikonographie bestimmte Bedeutungen oder Konnotationen*, die er als Hinweise auf nicht ausschließlich christliche, vielmehr allgemein menschliche Zusammenhänge verwendet. So könnte ‚Maria' beispielsweise für Reinheit und Unschuld stehen, ‚Eva' für Sündhaftigkeit, vielleicht Sinnlichkeit und Verführungskraft etc.

Eben dieses Spiel mit bestimmten, über-christlichen, ins Anthropologische weisenden Bedeutungen ist auch bei *Te nave nave fenua* zu beobachten. In dem Bild stößt der Betrachter auf eine Reihe von ikonographischen Hinweisen, die nicht allein an Cranachs *Venus mit Amor als Honigdieb* (*Abb. 7*) erinnern, sondern darüber hinaus an eine andere Szene, die innerhalb der christlichen Bilderwelt formal unmittelbar vergleichbare Elemente enthält: an den *Sündenfall* (*Abb. 13*).[48] Auch hier steht die Frau, in diesem Fall Eva, gewöhnlich neben einem Baum und pflückt mit der einen Hand eine Frucht, während ein dämonisches Tier, in den meisten Bildern eine Schlange, aktiv dabei mitwirkt. In der Kupferstichversion Albrecht Dürers (1471–1528) übergibt die Schlange der Frau die Frucht, die diese an den Mann weiterreicht.

Im Allgemeinen begegnet das Bild dieser Szene, mit deren Hilfe sich Juden und Christen seit Jahrtausenden das Böse in der Welt und auf Erden ein Leben in Elend und Mühsal erklären, vollkommen regelmäßig komponiert: Adam und Eva nehmen jeweils eine Hälfte des Bilds ein, säuberlich getrennt durch den mittig stehenden Baum, an dessen Stamm sich die Schlange trotz ihres entscheidenden Anteils am Geschehen dezent im Hintergrund hält.

Gauguins Bildlösung, die formal und, wie zu erahnen, auch inhaltlich dem Sündenfall-Motiv verpflichtet ist, weicht von dieser regelmäßigen Komposition in wesentlichen Punkten ab. So fällt in *Te nave nave fenua* der Mann weg, die Aufmerksamkeit richtet sich vollkommen auf die Frau.[49] Der Baum ist weit nach links gerückt, die ‚Frucht' nun eine nicht näher identifizierbare Blume. Das Tier hält sich indessen ähnlich dezent im Hintergrund, wirkt dafür aber umso unheimlicher und bedrohlicher, wenn der Betrachter es erst entdeckt hat.

In der Geschichte der christlichen Ikonographie begegnen bereits früh Beispiele dieses Bildvorwurfs*, in denen der Maler sich von der regelmäßigen Komposition verabschiedet und damit die Aufmerksamkeit spürbar von der einfachen Nacherzählung der Geschichte auf einen bestimmten Aspekt und dessen Deutung verschiebt. So könnte in der Version des *Sündenfalls* des niederländischen Malers Hugo van der Goes (*Abb. 14*), die um 1480 entstanden und damit noch ein wenig älter als Dürers Kupferstich ist, der verschämt dastehende, schüchterne Adam problemlos wegfallen – das Bild würde noch immer hervorragend funktionieren. Denn das Hauptaugenmerk von Maler und Betrachter liegt hier ohnehin nicht mehr auf der Interaktion zwischen Eva und Adam, sondern vielmehr auf dem nackten Körper der Frau, die sich genau auf der Mittelachse des Bilds mit hochgerecktem Arm und koketter Schrittstellung fast lasziv präsentiert. In auffälliger Parallelität dazu – zu beachten ist vor allem auch hier die Beinstellung, die gleiche Drehung des Körpers und die daraus resultierende, nahezu analog verlaufende Rückenlinie – steht unter dem Baum ein fast menschengroßes Wesen, das kaum mehr als Schlange zu bezeichnen ist, aber aufgrund seines großen, echsenhaften Körpers mit langem Schwanz und klauenartigen Händen und Füßen abstoßend, ja bedrohlich wirkt.

Ähnlich wie bei Gauguin hat sich der Fokus auch bei Hugo van der Goes verschoben, wobei der Betrachter, der sich lustvoll in den Anblick des schönen Frauenkörpers vertieft, über seinen Voyeurismus unmerklich selbst in die Rolle des verführten Sünders gerät. Auf diese Weise wird deutlich, wie sehr das Motiv schon immer dazu geeignet war, den Betrachter auf subtile Weise in das Bild mit einzubeziehen. Denn schon immer war der so freizügig dargestellte, nackte Körper der Eva des *Sündenfalls* dazu geeignet, den Blick des Betrachters anzuziehen und ihm einen Genuss zu verschaffen, der andererseits gerade wegen dieses Genusses als ‚sündhaft‘ galt.

Ève tahitienne

Viele Künstler der vormodernen Geschichte der Kunst des Abendlands nahmen den Bildvorwurf des *Sündenfalls* zum Anlass für ansonsten kaum mögliche Aktdarstellungen, und der Reiz dieser Darstellungen für Künstler und Betrachter war von Anfang an so mehrschichtig und widersprüchlich, wie es auch in Gauguins *Te nave nave fenua* der Fall ist.

Das drückt sich nicht zuletzt im Titel des Bilds aus, der, wie bei vielen Bildern Gauguins, eine eigene Aussage darstellt. Die Übersetzung des tahitianischen Titels lautet „köstliche Erde" im Sinn von ‚Land des Genusses', vielleicht sogar von ‚Paradies' – jedenfalls aber nicht im Sinn von ‚Sündenfall'. Es scheint, als wollte der Maler den Betrachter damit anlocken, wie er selbst auf seiner Suche nach dem verlorenen Paradies von der Südseeinsel angelockt wurde. Formal orientierte er sich mit der Konzeption des Bilds an Cranachs *Venus mit Amor als Honigdieb* (*Abb. 7*). Inhaltlich aber suchte Gauguin noch mehr die Nähe zum Bildvorwurf des ‚Sündenfalls', und mit diesem kommt der Aspekt der Sünde in sein Bild.

Tatsächlich spricht Gauguin immer wieder von seiner ‚Eva', die er in *Nave nave fenua* in der Gestalt seiner Lebensgefährtin *Teha'amana* dargestellt habe; nicht zuletzt die oben erwähnte Missbildung am linken Fuß verweist unmissverständlich auf die junge Frau, mit der Gauguin damals zusammenlebte. Und schon lange vor seinem Aufbruch nach Tahiti beschäftigte er sich mit dem Motiv der *Ève exotique*, wie eine Gouache aus dem Jahr 1890 belegt.[50]

Es ist frappierend, wie schnell die Desillusionierung bei Gauguin einsetzt, sobald er das Schiff verlassen und den Fuß auf den Boden Tahitis gesetzt hat. Seinem Bericht in *Noa Noa* zufolge, wäre dies bereits kurz nach seiner Ankunft in der Hauptstadt Papeete geschehen.

Die Ernüchterung spiegelt sich schon in den ersten Bildern, die Gauguin auf Tahiti malt. Seine Sicht auf die Realität dort ist, so bunt die Farben auch leuchten, niemals ungebrochen.

So malt er eine Frau in einem blauen Kleid, mit einer Blume in der Hand (*Abb. 15*). Ihre ebenmäßigen Gesichtszüge und die Exotik ihres dunklen Teints und des tiefschwarzen Haars verleihen ihr auf den ersten Blick einen besonderen Reiz, doch wird dieser Eindruck bereits im nächsten Moment irritiert. Denn der schönen Tahitianerin ist, wie vielen anderen Frauendarstellungen auf ähnlichen Bildern (vgl. *Abb. 8*), die Veränderung durch den Kontakt mit der europäischen Kultur anzusehen. Sie trägt einen Ehering am Ringfinger, Ohrringe an ihren Ohren, vor allem aber jenes von den christlichen Missionaren eingeführte Hängekleid, das sie vollkommen verhüllt. Die zweifellos verführerischen Formen ihres Körpers werden durch die bedrückend unförmigen, dicken Stoffbahnen, die den Körper darunter nicht einmal erahnen lassen, negiert und der weiße Spitzenkragen liegt ihr wie der Ring eines Sklaveneisens eng um den Hals. Das Kleid wirkt wie ein Gefängnis, der Ehering in diesem Zusammenhang keineswegs als Zeichen des Glücks und der Befreiung. Und auch der melancholische Gesichtsausdruck der jungen Frau gemeinsam mit der unachtsam gehaltenen, kraftlosen Blume in ihrer Hand weisen eher auf Lähmung hin als auf die erwartete, sprudelnde Lebensfreude der Südsee-Insulanerinnen, von der noch Kapitän Cook (1728–1779) in seinen Reiseberichten erzählt hatte.[51]

Wir haben bereits gesehen, dass Gauguin in *Nafea faa ipoipo* („Wann heiratest Du?"; *Abb. 8*) diesen entstellenden Kleidertypus zur Kennzeichnung des neuen, kolonialisierten Lebensstils einsetzt. Dort sitzt die Polynesierin im hochgeschlossenen Kleid neben einer zweiten, die als Verkörperung der ursprünglichen Lebensart der Einwohner Tahitis wesentlich freizügiger gekleidet ist. Der erhobene Zeigefinger der Frau im Missionarskleid will nicht zu der eigentlich verheißungsvollen Frage „Wann heiratest Du?" passen, scheint eher als Mahnung gedacht zu sein. Doch die Frau mit der Blume im Haar, an welche die Frage gerichtet ist, versucht sich der Mahnung wie der Lebensweise offensichtlich zu entziehen, die an das Kleid und den erhobenen Zeigefinger gebunden sind.

Das Kleid steht im Verständnis des synthetischen Symbolisten Gauguin, wie er selbst sich seit 1888 nennt, für die Lebensform unter dem Diktat der Kultur der Kolonialisten, und es verkörpert nicht zuletzt die Gewalt, die diese Kultur den einstmals ‚wilden', eigentlich: freien Einwohnern des Paradieses antut.

In *Te nave nave fenua* ist die Frau – noch – nackt. Gauguin spricht damit den Urzustand des Menschen an, den Zustand des Menschen vor der Erkenntnis von Gut und Böse, dem Wissen um Sünde und der Einführung von Kultur und Moral. Innerhalb der christlichen Ikonographie verwendet er dafür die Gestalt der Eva, doch statt, wie es ursprünglich seiner Hoffnung vom ‚Kindesalter der Menschheit' entsprochen hatte, eine Eva im Paradies zu zeigen, unbefleckt durch die Versehrungen der christlich-abendländischen Zivilisation, zeigt er Eva während des Sündenfalls, dem Blick und der Geste nach zu urteilen sogar schon danach, denn obwohl zumindest jene Blume, nach der die Frau greift, noch nicht gepflückt ist, zeigt der Blick bereits Misstrauen, und die Geste verrät jenes charakteristische Wissen um Richtig und – vor allem – Falsch, das dem Menschen erst im Zuge des Sündenfalls zugekommen ist. In der Folge der Tat und dieses Wissens verliert er das Paradies, aus dem er vertrieben wird[52] und nach dem er seither zu suchen verdammt ist.

An den Quellen des Paradieses

Während Gauguin in Mataiea weit entfernt von der Hauptstadt Papeete lebte, beschäftigte er sich nicht zuletzt mit der Sagenwelt der Maohi, die auf ihn eine große Faszination ausübte. In einer Reihe von Bildern begegnet diese Welt, die er in *Noa Noa* eingehend beschrieben hat.

So sehen wir in *Nave nave moe* (*Abb. 11*) nicht nur im Vordergrund Rudimente christlicher Ikonographie, wir sehen darüber hinaus im Hintergrund eine durch und durch heidnische Szene. Gauguin stellt hier, wie in einer Reihe anderer Bilder aus dieser Zeit,[53] eine kultische Handlung dar, an der mehrere Insulaner vor einem deutlich überlebensgroßen, archaischen Götzenbild teilnehmen. Das Idol, das in diesem Fall aus zwei neben einander stehenden, düsteren Figuren besteht, wirkt monumental und unnahbar, fast grausam. Umso überraschender erscheint, dass sich die Frauen ihm offenbar weitgehend ohne Scheu nähern. Sie tanzen vor ihm, in *Mahana no Atua* – „Der Tag der Götter"[54] zur Melodie einer Flöte, gelegentlich mit ekstatisch erhobenen Armen.

Für alle diese Werke Gauguins gilt, dass die kultische Handlung, die im Hintergrund zu sehen ist, umgeben und eingebettet ist in unspektakuläre Alltagsszenen. In *Nave nave moe* könnte sich die Szene in einem vorsichtig abgegrenzten Bereich abspielen, den anderen Bildern mit diesem Motiv ist eine solche Trennung aber fremd. Gerade hierdurch bringt Gauguin auf für den Europäer überraschende Weise zum Ausdruck, dass sich im Leben der Maohi Sakrales und Alltägliches auf ganz natürliche Weise *verbinden*. Die Grenzen zwischen beiden Bereichen, der Welt der Menschen und der Welt der Geister, sind zwar nicht vollkommen aufgehoben, aber doch sehr niedrig.

Für den Europäer ist diese Vorstellung deshalb überraschend, weil sich die abendländische Kultur gerade durch den strikten Dualismus, die *Trennung* von Sakralem und Profanem, auszeichnet. Nach europäischem Verständnis gehört diese Trennung zur Definition des Heiligen sogar notwendig dazu. Entsprechend scheint für Gauguin eine der großen Faszinationen dieser Südsee-Welt gerade in deren Aufhebung bestanden zu haben. Menschen und Geister rücken auf diese Weise einander näher. Wenn Mensch und Natur mit ihrer archaischen Geisterwelt einander aber so nahe sind – darauf zielt die Aussage von Bildern wie *Nave nave moe* ab –, wenn alltägliche Handlungen und Gottesdienst so nahe zusammenrücken, dann gerät demjenigen, der in dieser vollkommenen Einheit mit der Natur lebt, der selbst ein Teil der Natur ist und ihr nicht als Fremder und als etwas Fremdes gegenübersteht, jede Handlung zum Gottesdienst. Auch der Alltag ist dann voll des Heiligen. Das Leben wird, so die im Bild wirklich gewordene Konsequenz, durch die Einheit mit der Natur geheiligt. Die Unterschiede, die in der in dualistischen Vorstellungen befangenen, westlichen Kultur zur Definition des Sakralen hinzugehören, sind in der Vorstellung der Maohi offenbar nicht relevant.

Allerdings kommen an dieser Stelle wiederum die Titel der Bilder ins Spiel. So heißt eines von ihnen *Matamua* – „Ehemals“. Dieser bemerkenswerte Titel weist darauf hin, dass es sich bei der im Bild dargestellten, idyllischen Szene um eine vergangene, eine verlorene Idylle handelt, dass die Gegenwart auch im Südsee-Paradies inzwischen anders aussieht, worauf nicht zuletzt die scharlachrote, züngelnde Schlange hinweisen mag, die sich von rechts in das Bild hineinschiebt.

Rudimente des Glücks: wo die Lebensform der Malweise entspricht

Immerhin aber kennzeichnen Gauguins Sicht auf Tahiti, so wie sie sich in seinen Bildern manifestiert, bei aller Gebrochenheit auch andere Züge. Da sind einerseits die häufig wunderschönen, gelegentlich vollkommen nackten Körper mit den ebenmäßigen Gesichtszügen. Nicht selten gleichen sich männliche und weibliche Körper so sehr, dass sie kaum zu unterscheiden sind. Die männlichen Körper bekommen eine androgyne Schönheit, die Gauguin beispielsweise angesichts seines ‚Initiationserlebnisses‘ in *Noa Noa* eigens benennt. Die Nacktheit wird in diesem Zusammenhang zum Ausdruck des Paradiesischen, wirkt in keiner Weise anstößig, sondern vollkommen natürlich und unschuldig.

Auch die kräftigen, strahlenden Farben, von denen Gauguin selbst einmal sagte, dass „die Farbe immer das wichtigste bleibt“,[55] prägen die Bilder in ganz spezifischer Weise. Gerade sie sind es, die viele Betrachter für die Südseebilder Gauguins einnehmen, selbst wenn auch sie irritieren können, beispielsweise wenn in *Nave nave moe* eine solche leuchtende Farbe gerade jenes züngelnde Untier kennzeichnet, das die Idylle zu zerstören droht.

Zugleich strahlen alle diese Bilder trotz der unüberhörbaren Klage über den Verlust des Paradieses eine Ruhe aus, die manchmal in die sprichwörtliche Lethargie der Polynesier abgleitet, keineswegs aber immer. Jedenfalls gibt es eigentlich kein Bild, in dem Menschen in geschäftiger Betriebsamkeit zu sehen sind, selbst wenn es sich um eine Markt- oder eine Ernteszene handelt. Wer etwas tut, der tut es langsam, als hätte er an diesem Tag nichts Anderes mehr zu tun. Die Menschen, die Gauguin darstellt, scheinen ganz bei sich zu sein, in sich selbst zu ruhen. Offenkundig leben sie buchstäblich wie die Vögel, von denen es in der Bibel heißt, sie säten nicht und ernteten nicht und sammelten keine Vorräte in Scheunen[56] – nur ist es in diesem Fall nicht der ‚Himmlische Vater', der sie ernährt, hier ist es die Natur.

Und es ist eben die Malweise – auf die wir an dieser Stelle wieder zurückkommen –, die das Geheimnis eines solch sorgenlosen, unbekümmerten Lebens verrät: die *Einfachheit*. Fast möchte man an Johann Joachim Winckelmanns berühmt gewordenes Schlagwort von der „edlen Einfalt und stillen Größe" denken. Bei Winckelmann bezog sich die Formulierung auf die antikgriechischen Kunstwerke, in denen er Äußerungen einer idealen Lebensweise, eines ‚Paradieses' nach antiken Vorstellungen sah.[57] Diese Assoziation wird nicht zuletzt dadurch hervorgerufen, dass Gauguin sich bei seinen Beschreibungen der ‚Wilden' in *Noa Noa* der gleichen Begrifflichkeit bedient, wenn er immer wieder die ‚edlen' Gesichter und Gestalten und ihre ‚antike' Schönheit anspricht.

Die Einfachheit dieser Menschen und ihrer Lebensweise drückt sich in der ungekünstelten Malweise aus, mit der Gauguin sie darstellt. Ganz offensichtlich geschieht hier, was wir als grundlegendes Anliegen Gauguins bei der Suche nach dem verlorenen Paradies erkannt haben: Seine Malweise trifft im ‚Kindesalter der Menschheit' auf eine Lebensform, die ihr, bei allen Abstrichen aufgrund der historischen Entwicklung, wegen ihrer Einfachheit und Anspruchslosigkeit, der Unmittelbarkeit des Ausdrucks und der Vermeidung gekünstelter Stilisierung entspricht.

Gauguins bereits in der Bretagne entwickelte Bildsprache, das *Wie* seiner Darstellung, erzählt von diesem einfachen Leben mindestens ebenso beredt wie die Gegenstände und Menschen, die Gauguin malt, also das *Was* der Darstellung. Daher ist es für den Betrachter so wichtig, auch nach den Formen der künstlerischen Ausdrucksweise zu fragen, statt sie nur passiv und unreflektiert zur Kenntnis zu nehmen. Die Bildsprache ist insofern ‚expressiv', als sie auf malerische, nicht allein auf gegenständliche Weise ausdrückt, was den Maler während des Schaffensprozesses bewegt hat. ‚Expressiv' heißt in dieser Hinsicht also keineswegs ‚übersteigert', ‚ausschweifend' oder ‚extravagant'; vielmehr wird das Wort, wenn es den Stil ‚Expressionismus' bezeichnet, im Sinn der *‚Möglichkeit des Ausdrucks des Künstlers'* verwendet. Und Gauguin ist einer der ersten unter den Malern der Moderne, die sich um eine Übereinstimmung von künstlerischen Mitteln und Bildaussage bemühen.

Wie das Verhältnis von *Was* und *Wie* der Darstellung zu dieser Zeit gewöhnlich aussah, erkennen wir bei einem erneuten Blick auf Meissoniers monumentale Schlachtenbilder (*Abb. 6*). Ein Kunstwerk hat bei dieser Art von Malerei vor allem *schön* zu sein und dies unabhängig davon, was es darstellt. Nun ist eine Schlacht in der Regel etwas Blutiges, bei dem Menschen und Tiere getötet oder verstümmelt werden. Eine Schlacht ist *per se* alles andere als schön. Meissonier jedoch bietet sein gesamtes Können auf, um in aufwändigster Feinmalerei Pferde und Uniformen im Verlauf einer Schlacht in möglichst interessanten Bewegungsabläufen und heroischen Posen, kurz: möglichst *schön* darzustellen. Mit Blick auf Gauguins neue künstlerische Absichten wird deutlich, dass in einer Malerei wie der Meissoniers keinerlei Verständnis vorhanden ist für den Widerspruch, der in einer solchen, schönen Darstellung eines grausamen Ereignisses steckt.

Eben das aber wird eines der Hauptverdienste Gauguins sein, maßgeblich an der Reflexion der künstlerischen Mittel mitgewirkt zu haben, die eines der Hauptthemen der Kunst des gesamten 20. Jahrhunderts sein wird.[58] Diese Entwicklung verpasst zu haben, deklassiert Meissonier in unseren Augen zu einem zweit- oder gar drittklassigen Maler, dessen Werke zwar technisch brillant, zugleich aber seltsam leer und daher künstlerisch weitgehend ohne Bedeutung sind, selbst wenn die Zeitgenossen, die ihrerseits die nachfolgende Entwicklung der Kunstgeschichte noch nicht absehen konnten, das ganz anders gesehen haben.

Auf dem Weg über die Unterscheidung von *Was* und *Wie* der Darstellung gewinnen wir also ein Kriterium für die Beurteilung der Modernität und die Bedeutung eines Künstlers, das nicht zuletzt dabei hilft zu verstehen, warum Maler wie Courbet, Cézanne, Manet, van Gogh oder Gauguin heute als so bedeutsam gelten, während die unter Zeitgenossen viel mehr geschätzten Künstler aus der Distanz von über einem Jahrhundert ganz anders beurteilt werden. Sich souverän künstlerischer Mittel bedienen zu können, je nachdem worauf die Aussage des Kunstwerks abzielt, unterscheidet den *modernen* Maler von jenem, der sich mit seiner Malerei in erster Linie um *Mimesis**, um die künstlerische Nachahmung von äußerer Wirklichkeit bemüht. Aus der Sicht der Moderne und

Postmoderne gelten Meissoniers Genre- und Pferdedarstellungen entsprechend mehr als Handwerk, denn als Kunst, das im Übrigen wenig später durch die Fotographie obsolet wurde. Heute würden wir sagen: Meissonier war ein hervorragender (Kunst-)Handwerker, doch die Entwicklung der *Kunst* hat er versäumt.

Gauguin dagegen war genau auf diesem Gebiet führend. Er entwickelte eine Bildsprache, die nicht etwa äußere Wirklichkeit mimetisch, in illusionistischer Absicht nachbilden wollte, sondern die sein persönliches, individuelles Erleben der Wirklichkeit auszudrücken in der Lage war. Expressionistische Kunst ist in der Tat eine durch und durch persönliche, subjektive Kunst und die künstlerischen Mittel haben nicht etwa zum Ziel, die äußere, objektiv feststellbare Form oder Farbe abzubilden, sondern vielmehr die individuelle Erlebnisweise des ausführenden Künstlers möglichst authentisch in Malerei zu transformieren. Fast könnte man sagen, die äußere Wirklichkeit sei für den Künstler nur noch der *Anlass*, seine persönliche Sicht auf die Welt in eine Form zu bringen, nicht aber mehr der eigentliche Grund.

Während Meissonier seine malerische Technik immer weiter verfeinerte, um Pferde und Reiter in rasender Bewegung immer ‚besser' darstellen zu können – und doch die Illusion stets scheitert, weil Pferde und Reiter auf der Leinwand auf ewig wie eingefroren in der Luft hängen bleiben –, suchte Gauguin nach Möglichkeiten, anstelle der äußeren Wirklichkeit seine persönlichen Empfindungen in seinen Bildern auszudrücken.

Zu den wichtigsten Kennzeichen dieser expressionistischen Bildsprache gehören

- ❖ die *Motiv*wahl; denn auch die Wahl dessen, *was* er in seinen Werken darstellt, gehört zu den künstlerischen

Mitteln; der Künstler sucht schon in der Wahl des Motivs nach einem möglichst angemessenen Ausdruck seiner Sehnsüchte und Ängste, und Gauguin reist dafür sogar buchstäblich bis ans Ende der Welt;

- die von der Aufgabe, Wirklichkeit mimetisch nachzubilden enthobene *Farbe*, die nicht selten kaum mehr einen erkennbaren Bezug zu den ‚natürlichen', den so genannten Lokalfarben hat;
- das ebenfalls nicht mehr mimetisch begründete *Wechseln zwischen detaillierter Figürlichkeit und Abstraktion*, die sich unter anderem in der mit Konturstrichen unterstützten Flächigkeit seiner Malweise äußert; auch die augenscheinlich anatomische ‚Unrichtigkeit' der Darstellung menschlicher Körper gehört in diesen Zusammenhang; sowie
- die *Aufhebung einer konsequenten Räumlichkeit* der Bilder mit ihrem Wechsel von extremer Nahsicht und einem weit in die Bildtiefe gehenden Blick, die einzelne Motive zum Teil sehr nah an den Betrachter heran, andere wiederum extrem weit von ihm ab rückt, ohne dass die räumlichen Beziehungen in jedem Fall genau geklärt würden.

Die Entwicklung einer solch individuellen Bildsprache führt bei Gauguin, wie bei Cézanne und van Gogh – bei dem vor allem der expressive Pinselstrich zum alles prägenden Ausdrucksmittel wird –, nicht allein zu sehr persönlichen Möglichkeiten des Ausdrucks. Sie stellt insgesamt innerhalb der Kunstgeschichte die folgenschwere Befreiung der Kunst von der über Jahrhunderte geltenden Verpflichtung zur illusionistischen Nachahmung der

Natur (*Mimesis*) dar. Damit wird ein zentraler Schritt auf dem Weg in die (klassische) Moderne vollzogen.

Selbstverständlich wehren sich die meisten Zeitgenossen Gauguins gegen diese Entwicklung. Auf Dauer aber ist sie es – und nicht die immer weiter getriebene, technische Virtuosität eines Meissonier –, durch die die Weichen für den Weg in die Zukunft der abendländischen Kunst gestellt werden.

ABSCHLUSS
ANDEUTUNGEN – UNEINDEUTIGKEIT: WAS IST „MODERN“ AN PAUL GAUGUIN?

Am Schluss des vorangehenden Kapitels haben wir einen ersten Schritt unternommen, einige Kennzeichen moderner Kunst zu benennen, die sie in charakteristischer Weise von der Kunst früherer Epochen unterscheiden.

Die Abkehr von der *Mimesis*, also von dem Bemühen um die malerische Nachahmung der sichtbaren Wirklichkeit, ist dabei nicht allein im Werk Gauguins zu beobachten, sondern auch bei den anderen Malern des 19. und sogar schon bei einigen des ausgehenden 18. Jahrhunderts, die aus heutiger Sicht besonders wichtig für die künstlerische Entwicklung der Moderne waren. Zu ihnen zählen Francisco Goya (1746–1828), der in Gemälden und Druckgraphik ausdrücklich eine Bildsprache für die Darstellung der Gräuel des Kriegs entwickelte, und Gustave Courbet (1819–1877), dessen so genannter Realismus keineswegs mimetisch, sondern sozialkritisch gemeint ist und der sich, wie Goya, für seine Kritik an den gesellschaftlichen Verhältnissen seiner Zeit *gerade* der künstlerischen Mittel bediente.

Individualität und Subjektivität also gehören umso mehr zu den Kennzeichen der Moderne, als sie der vormodernen Kunst, also der Kunst vor dem Ausgang des 18. Jahrhunderts, fremd sind.

Künstlerische Freiheit

Aufgrund seiner vielen schriftlichen und mündlichen Äußerungen erweckt Gauguin häufig den Eindruck hoher Reflektiertheit und einer beeindruckenden Intellektualität.

Er selbst forciert diesen Eindruck noch, wenn er davon spricht, dass „alles“ in seinem Werk „kalkuliert“ und „lange durchdacht“ sei.[59] Dabei darf jedoch nicht vergessen werden, dass Gauguin auch und vor allem *Künstler* war, der einerseits tief in der abendländischen Kunstgeschichte verwurzelt war und der andererseits als Künstler einen ganz bewussten, entscheidenden Schritt in die Moderne machte.

Man könnte dieses Stehen in *zwei* Traditionen – von denen er die eine selbst mit erschuf – auch anders deuten: Neben dem Bemühen um konkrete Botschaften und ihre Lesbarkeit, die dem ‚synthetischen Symbolisten‘ Gauguin ein Anliegen waren, steht die Modernität eines Künstlers, der sich vor allem anderen durch seine Freiheit definierte. Seine eigene Zugehörigkeitserklärung zu den Symbolisten (1888), die ihn festzulegen drohte, nahm Gauguin ausdrücklich wieder zurück, als er im Juli 1897 von Tahiti aus schrieb:

> „Sie wissen ja, daß […] ich keines [kein System, keine Zugehörigkeit zu einem ‚Stil‘] habe und dazu nicht verurteilt sein will. Malen, wie es mir einfällt, heute hell, morgen dunkel, etc. …, im übrigen muß der Künstler frei sein, oder er ist nicht Künstler.“[60]

Zweifellos gibt es dieser Proklamation künstlerischer Freiheit zum Trotz Hinweise auf Botschaften in seinen Werken, die Gauguin auch in seiner Zeit in der Südsee in den Verdacht geraten lassen können, ein ‚Symbolist‘ zu sein:

- da ist das schwarze, echsen- oder rattenartige und das rote, fuchsartige Tier in *Te nave nave fenua* (*Abb. 1*),
- da sind der Baum und die Anspielungen auf die Eva des Sündenfalls,

- da erscheinen verborgene Gesichter in Landschaft und Gegenständen,
- da ist das entstellende Missionars-Kleid mit dem einengenden Halsring und die diesem demonstrativ gegenüber gestellte einheimische Kleidung (*Abb. 8*),
- da ist der Ehering (*Abb. 15*) – und es ist bekannt, wie ablehnend Gauguin der Ehe gegenüberstand[61] –, und
- da sind schließlich die Geister- und Götzenbilder (*Abb. 11*), um welche die Maohi tanzen und die für die Naturreligion der ‚Wilden' stehen und für eine ‚natürliche' Religiosität.

Alle diese Motive sind augenscheinlich Anhaltspunkte für ausdrücklich konzipierte, gut verständliche Bedeutungen und Botschaften, die auf ziemlich konkrete Aussagen der Bilder schließen lassen.

Andererseits aber bedeutet Gauguins Beharren auf der Freiheit des Künstlers, dass ‚Botschaften' nicht mehr *eindeutig* sind. Seit dem Zusammenbrechen des geschlossenen, christlichen Weltbilds ist Eindeutigkeit ohnehin nicht mehr möglich. Die industrialisierte Gesellschaft zeichnet sich ja gerade dadurch aus, dass die einst verbindlichen Modelle der Weltdeutung keine Geltung mehr haben, die Sinnsuche menschlicher Existenz stattdessen in die Verfügungsgewalt jedes Einzelnen gestellt ist. Jedes Mitglied dieser Gesellschaft muss sich seither die Antworten auf die grundlegendsten Fragen des Seins – woher kommen wir? was sind wir? wohin gehen wir? – selbst suchen. *Eindeutige* Botschaften wären dementsprechend nicht nur vermessen, sie würden eine geradezu sträfliche Vereinfachung voraussetzen. Die aber war Gauguin im Gegensatz zu den Missionaren, von denen er sich in Tahiti und später in Hiva Oa auf den Marquesas-Inseln umgeben sah, fremd.

Der Dichter Gauguin

Denn Gauguin war im Grunde seines Herzens ein Dichter – ein Dichter in Farbe und Holz. Letztlich scheint seinem poetischen Naturell jene Eindeutigkeit widerstrebt zu haben, welche widerspruchsfreie Botschaften voraussetzen. Dichtung, jedenfalls die seit der Aufklärung, ist mit gutem Grund uneindeutig. Entsprechend sind es auch die Werke Gauguins. Selbst wenn sie Elemente enthalten, die eine konkrete Bedeutung zu vermitteln scheinen, so sind sie insgesamt nicht eindeutig, da sie nicht auf einen Begriff oder auf nur eine, genau definierte Botschaft zu reduzieren sind. Zu erinnern sei an die suggestiven Formen in seinen Bildern, in denen Betrachter Gegenstände oder Wesen erkennen *können*, aber nicht *müssen*. Statt seine Werke auf Eindimensionalität zu beschränken, sollen sie die Fantasie beflügeln und, wie Gauguin selbst es formulierte, „eine neue Tür zum Unendlichen und zum Mysterium öffne[n]".[62]

Eine solche ‚Ästhetik der Vieldeutigkeit' wurde gerade in jener Zeit in Paris durch den symbolistischen Dichter und Freund Gauguins, Stéphane Mallarmé (1842–1898), entwickelt. In einem 1891 abgedruckten Interview sagte er programmatisch:

> „Ich glaube [...], dass es nur Andeutungen geben kann. [...] Einen Gegenstand zu benennen heisst, drei Viertel des poetischen Genusses zu unterdrücken, der aus dem Glück besteht, etwas nach und nach zu erraten. Ihn anzudeuten, das ist der Traum."[63]

Damit bekennt sich Mallarmé, wie Gauguin, zu einer prinzipiellen Offenheit der Kunst für die Imagination des Betrachters, die sich auf Andeutungen dessen beschränkt, was der Künstler mehr erahnt als gedacht und entwickelt, also ‚kalkuliert' hat. Entsprechend bleiben auch Gauguins

Werke bei aller intellektuellen Durchdringung, die er selbst betont, poetisch, und das heißt: sie bleiben offen, sind nicht eindeutig, begrifflich nicht ‚auf den Punkt' zu bringen. Nach Gauguins eigenem Zeugnis ‚träumt' der Maler. Das Ergebnis dieses Träumens aber ist gemalte Poesie:

> „Hier in der Einsamkeit […] löst sich die Poesie von ganz allein, und es genügt, sich beim Malen dem Träumen zu überlassen, um sie wiederzugeben."[64]

Um die Vielschichtigkeit der Poesie in seinem Werk deutlich zu machen, führt Gauguin immer wieder den Vergleich mit der Musik an. Er nehme ein Motiv, das er ausdrücklich als „Vorwand" bezeichnet, um daraus ein künstlerisches Gebilde von der Suggestivkraft und Komplexität eines Musikstücks entstehen zu lassen,

> „das nichts wirklich Reales in einem gewöhnlichen Sinne wiedergibt und keinerlei Idee unmittelbar ausdrückt, das aber, wie die Musik, zum Denken anregen soll […] einfach nur durch geheimnisvolle Affinitäten zwischen unserem Gehirn und solchen Anordnungen von Farben und Linien."[65]

Gauguin regt also für die Rezeption seiner Bilder und Skulpturen eine ebenso subjektive, spontane und diffuse, assoziationsgesteuerte, gefühlsbetonte und damit letztlich nicht kontrollierbare Wahrnehmung und Deutung an, wie man sie im Zusammenhang mit Musik ganz selbstverständlich gewohnt ist.

Moderne Kunst als Bühne

Diese Art der Rezeption von Kunst wird wiederum für die gesamte, nachfolgende Moderne prägend sein, die ihre Kunstwerke nicht mehr als Medien zur Übermittlung kohärenter, in sich geschlossener Bedeutungen ansehen wird, sondern als Ausgangspunkte und Katalysatoren für die Tätigkeit der Imagination des Betrachters. Moderne Kunst ist in diesem Sinn nichts weiter als eine Bühne, die der Künstler zur Verfügung stellt und die der Betrachter selbst ‚bespielen', mit Leben füllen muss. Die sich daraus möglicherweise ergebenden ‚Botschaften' sind in jedem Fall immer höchst individuell und subjektiv.

In diesem Sinn gilt also auch für moderne Kunstwerke der lapidare Satz, den die Theaterwissenschaft für Theateraufführungen geprägt hat: „Jeder Zuschauer erschafft sich seine eigene Aufführung",[66] jeder Betrachter sein eigenes Kunstwerk.

ANMERKUNGEN

1 Die Formulierung „*so genannte* moderne Kunst" soll darauf hinweisen, dass sich die Vorstellungen davon, was genau ‚moderne' Kunst eigentlich ist, unterscheiden. Während Laien darunter meist zeitgenössische Kunst, Kunst des späten 20. und frühen 21. Jahrhunderts verstehen, gilt unter Fachleuten als ‚moderne' Kunst die Kunst zwischen dem späten 18. und dem ersten Drittel des 20. Jahrhunderts.

2 Mit der Formulierung ‚künstlerischer Rang' soll der allzu gedankenlos verwendete Begriff ‚Qualität' vermieden werden, da dieser m. E. gänzlich ungeeignet ist, eine Eigenschaft von *Kunst* zu beschreiben. Die Qualität von Käse mag objektiv einigermaßen feststellbar sein, die von Kunst ist es sicher nicht, auch wenn der Begriff es suggerieren mag.

3 Die Anekdote findet sich bei Giorgio VASARI, Lebensläufe der berühmtesten Maler, Bildhauer und Architekten. Aus dem Italienischen übersetzt von Trude Fein. Nachwort von Robert Steiner, Zürich 1974, S. 42.

4 So behauptet es Ernst GOMBRICH in seinem bis heute so erfolgreichen Buch *Die Geschichte der Kunst* (Berlin [16]1995/96, S. 211). Das Buch ist 1950 erstmals erschienen und wird in regelmäßigen Abständen immer wieder neu herausgegeben, ohne dass dabei auf sein Alter und damit die Wahrscheinlichkeit hingewiesen würde, dass seine Darstellung inzwischen in wesentlichen Punkten nicht mehr haltbar erscheint.

5 Lukas-Evangelium, Kapitel 2, Vers 41–52.

6 Auch hier zeigt sich, wie fixiert wir darauf sind, dass ein Maler möglichst wirklichkeitsgetreu malen müsse. Dass dies außerhalb seines Interesses stand, gestehen wir ihm gewöhnlich nicht zu. Dabei ist Wirklichkeitstreue der Darstellung – landläufig „Naturalismus" genannt – in der abendländischen Kunstgeschichte zum ersten Mal am Beginn des 14. Jahrhunderts zu beobachten und zeichnet durchgehend die Kunst erst

des 15. Jahrhunderts aus, ist als Beurteilungskriterium eines älteren Kunstwerks also *de facto* unangebracht.

7 Ursprünglich hieß das Bild *Le Bain* („Das Bad“); der Name *Le déjeuner sur l'herbe* („Frühstück im Freien“) wurde erst während der Ausstellung im *Salon* von 1863 geboren und war eigentlich ein Spottname, den aber im Laufe der Zeit selbst Manet übernahm.

8 Ross KING, Zum Frühstück ins Freie. Manet, Monet und die Ursprünge der modernen Malerei, München 2008, S. 114.

9 Tatsächlich sind tumultuarische Szenen vor dem Bild überliefert. – Manets *Le déjeuner sur l'herbe* gehörte zu den knapp 2800 Werken, die von der Jury des *Salon* zurückgewiesen wurden. Als Reaktion auf den lautstarken Protest gegen die rigiden Auswahlkriterien regte Kaiser Napoleon III. die Präsentation dieser Werke in einer eigenen Ausstellung im *Palais des Champs-Elysées* an, die bald *„Salon des Refusés“* („Salon der Zurückgewiesenen“) genannt wurde. Dort hing auch das „Picknick im Freien“. Ein Besucher berichtete: „Die Ausstellung war von der anderen nur durch ein Drehkreuz getrennt. Man kam hinein wie in London bei *Madame Tussaud's* in das Schreckenskabinett. Die Erwartung war auf Lachanfälle gerichtet, und man lachte tatsächlich vom Eingang an. Manets *‚Déjeuner‘*, das im letzten Saal hing, ließ die Wände erzittern“ (zitiert nach: Oskar BÄTSCHMANN, Édouard Manet, Paul Cézanne. Maler des modernen Lebens?, in: Monika Wagner [Hg], Moderne Kunst. Das Funkkolleg zum Verständnis der Gegenwartskunst, Reinbek bei Hamburg 1991, S. 135–151, hier S. 135). – Übrigens gab es nicht nur negative Kritiken für den *Salon des Refusés*. „Viele Rezensenten steckten ihren Dolch wieder zurück in die Scheide, als sie den Rest der Ausstellung begutachteten, die bei weitem nicht so verheerend beurteilt wurde, wie es die Mitglieder des Auswahlkomitees gehofft hatten. So meinte Charles Brun, auch wenn ihn die Ausstellung beileibe nicht sonderlich beeindruckt habe, dass die Gemälde zumindest keinen halb so er-

bärmlichen Anblick abgegeben hätten wie die Menge, die sie verhöhnte" (KING 2008 [wie Anm. 8], S. 117).

10 Eines der wenigen Bücher, in denen Meissonier innerhalb der jüngeren Literatur überhaupt Beachtung findet, ist das bereits erwähnte, erzählende Sachbuch „Zum Frühstück ins Freie. Manet, Monet und die Ursprünge der modernen Malerei" des kanadischen Autors Ross King (KING 2008, wie Anm. 8). Dieses stützt sich neben einer Reihe von Publikationen aus dem späten 19. Jahrhundert auf einige wenige, wissenschaftliche Darstellungen aus den 1990er Jahren. – Die vielleicht interessanteste Einschätzung Meissoniers durch einen Zeitgenossen stammt von Eugène Delacroix, der feststellte: „Er ist der unangefochtene Meister unserer Epoche", und der darüber hinaus prophezeite, dass „von uns allen ganz gewiss er es ist, dessen Namen bleiben wird!" (zitiert nach KING 2008 [wie Anm. 8], S. 12). Es bleibt unklar, ob Delacroix diese Einschätzung ironisch meinte.

11 Größe des Bilds: ca. 136 x 243 cm.

12 Der Ausführung des Werks gingen jahrelange Studien voraus, die sich auf jedes einzelne Detail bezogen; so scheint Meissonier ein ganzes Weizenfeld erworben zu haben, um es genau in der Jahreszeit der Schlacht von Friedland (Juni) von Reitern einer Kavallerieeinheit niedertrampeln zu lassen; anschließend studierte er, mit seiner Staffelei inmitten des Felds stehend, den umgeknickt auf der Erde liegenden Weizen und verwendete diese Studien als Grundlage für seine Darstellung im Bild; KING 2008 (wie Anm. 8), S. 275.

13 Charles YRIARTE, *E. Meissonier. Personal Recollections and Anecdotes*, in: *The Nineteenth Century* 43, 1898, S. 822–840, hier S. 835; zitiert nach KING 2008 (wie Anm. 8), S. 274.

14 YRIARTE 1898 (wie Anm. 13), S. 835; zitiert nach KING 2008 (wie Anm. 8), S. 314.

15 Henry David THOREAU, Walden oder Leben in den Wäldern, Zürich 1979/ 2004, S. 156.

[16] Vgl. Band 1 der Reihe „**ein**blicke – Kunstgeschichte in Einzelwerken": Christof L. DIEDRICHS, Die Königshalle in Lorsch. Wiedergeburt der Antike im frühen Mittelalter, Freiburg/ Norderstedt 2015, S. 7–11.

[17] Da Gauguin den Bildtitel nicht übersetzt hat, lassen auch wir ihn zunächst so stehen. Das entspricht Gauguins ausdrücklicher Absicht. In einem Brief vom 08.12.1892 schrieb er im Zusammenhang einer Ausstellungsvorbereitung: „Im Katalog sollen nur die tahitischen Titel stehen. Es ist eine eigenartige Sprache, und die Wörter haben oft mehrere Bedeutungen" (zitiert nach: Petra-Angelika ROHDE, Paul Gauguin auf Tahiti. Ethnographische Wirklichkeit und künstlerische Utopie, Rheinfelden 1988, S. 159). Offenbar sollten die Titel vor allem suggestiv wirken, ähnlich wie die Musik; auch diese Verbindung stellte Gauguin ausdrücklich her: „Letzten Endes muß in der Malerei die Suggestion, nicht die Beschreibung gesucht werden, ganz wie in der Musik" (Brief an Georges Daniel de Monfreid, August 1901; zitiert nach: Paul Gauguin. Briefe – Die Briefe Gauguins an Georges Daniel de Monfreid. Hg. v. Kuno MITTELSTÄDT, Berlin 1963, S. 166).

[18] Innerhalb der Beschreibung geht der Beschreibende bei der Bezeichnung von Körperteilen der dargestellten Figuren oder von direkten, räumlichen Beziehungen (z.B. „zu ihrer Rechten") immer *von der zu beschreibenden Figur* aus: ihr rechter Arm, ihre linke Gesichtshälfte etc. Diese Angaben bleiben unabhängig davon, ob die beschriebenen Körperteile *vom Betrachter aus* links oder rechts im Bild dargestellt sind. So pflückt im Fall von *Te nave nava fenua* die Frau die Blüte, die sich an ihrer *rechten* Seite befindet, mit der *rechten* Hand, selbst wenn der Betrachter sie links, in der linken Bildhälfte sieht.

[19] Angesichts der Inkarnatfarbe stehen wir vor einem Dilemma: Während in *unseren* Augen der Körper in Farbgebung und Modellierung irritierend technisch wirkt, ist es möglich, dass Gauguin ihm eigentlich eine andere Wirkung geben wollte. In

seinen Schriften ist immer wieder vom „Gold" der Hautfarbe der Polynesierinnen die Rede: „Das Gold von Tehauranas Gesicht ergoß sich überall ringsum […]" (Paul Gauguin, *Noa Noa*. Hg. von Jean Loize. Aus dem Französischen übertragen von Helen HESSEL, München 1969, S. 44). Möglicherweise hat er eben diesen Eindruck in dem auffällig modellierten Ockerton wiedergeben wollen. Dafür spricht, dass Gauguin den oben zitierten Satz mit dem ausdrücklichen Hinweis auf das Paradies fortsetzt: „[…] und wir gingen miteinander, ganz einfach und natürlich, wie im Paradies, zu einem nahen Bach, um uns zu erfrischen." Es ist also denkbar, dass der Ockerton einen Hinweis auf das paradiesische Gold der Haut der Frau darstellen sollte, der, da Ocker nicht Gold ist, Gauguin jedoch auf Tahiti keine andere Farbe zur Verfügung stand, aus heutiger Sicht nicht unmittelbar zu erkennen ist.

[20] Alastair WRIGHT, Doppeltes Sehen. Paul Gauguin in Polynesien, in: Raphaël BOUVIER/ Martin SCHWANDER (Hgg), Paul Gauguin. Katalog zur Ausstellung in der Fondation Beyeler, Riehen/ Ostfildern 2015, S. 166–179, hier S. 170.

[21] WRIGHT 2015 (wie Anm. 20), S. 167.

[22] Paul Gauguin, Interview, in: *L'Écho de Paris*, 13. Mai 1895, S. 2; in der deutschen Übersetzung zitiert nach Martin SCHWANDER, Paul Gauguin, der große untröstliche Magier. Eine Einführung, in: BOUVIER/ SCHWANDER 2015 (wie Anm. 20), S. 10–27, hier S. 24.

[23] Paul Gauguin, Der Verlust der Unschuld oder Frühlingserwachen, 1890/91; Norfolk, *Chrysler Museum of Art*.

[24] Paul Gauguin, *Arearea* – „Zeitvertreib", 1892; Paris, *Musée d'Orsay*.

[25] So steht der Fuchs beispielsweise in *Der Verlust der Unschuld* (wie Anm. 23) oder in der Skulptur *Wollust* (1890; Frederikssund/ Dänemark, J. F. Willumsens Museum) für die Lüsternheit; Anna Szech, [Gauguin auf den] Marquesasinseln, in: BOU-

VIER/ SCHWANDER 2015 (wie Anm. 20), S. 148f, hier S. 149.

26 WRIGHT 2015 (wie Anm. 20), S. 167.

27 WRIGHT 2015 (wie Anm. 20), S. 167. – Wright bezieht sich hier u.a. auf Forschungen von Dario GAMBONI, *Paul Gauguin au ‚centre mystérieux de la pensée'*, Dijon 2013.

28 Paul Gauguin, *Avant et Après*, 1903; zitiert nach WRIGHT 2015 (wie Anm. 20), S. 168.

29 Paul Gauguin, *Ancien Culte mahorie*, 1892–93; zitiert nach WRIGHT 2015 (wie Anm. 20), S. 168.

30 Gauguin, *Noa Noa*. Hg. von Pierre PETIT. Holzschnitte zusammengestellt und kommentiert von Bronwen Nicholson, München 1992 (nach dem 1893/94 entstandenen Manuskript im Louvre, Paris), S. 27.

31 WRIGHT 2015 (wie Anm. 20), S. 169. – Der Kontrast wird umso größer und der Fingerzeig erscheint umso kalkulierter, wenn man bedenkt, dass Götzenbilder wie die im Hintergrund von *Nave nave moe* dargestellten zum Zeitpunkt des Aufenthalts Gauguins auf Tahiti durch den Einfluss der Missionare bereits verschwunden waren. Lediglich auf den Marquesas-Inseln gab es sie noch und von diesen hat Gauguin sie malerisch in die Idylle Tahitis übertragen.

32 Zitiert nach Pierre PETIT, Gauguins *Noa Noa* oder Die andere Seite des Künstlers, in: Gauguin, *Noa Noa* 1992 (wie Anm. 30), S. 5–15, hier S. 11. – Die Entstehungsgeschichte von *Noa Noa*, von dem es mehrere Manuskripte gibt, ist kompliziert und scheint kaum mehr entwirrbar. Mehrere Male während des 20. Jahrhunderts erschienen neue Fassungen, deren Herausgeber immer wieder behaupteten, nun die wirklich authentische Fassung von der Hand Gauguins zu edieren; vgl. z.B. Gauguin, *Noa Noa*, 1969 (wie Anm. 19); darin: Jean LOIZE, Nachwort zur Urfassung von *Noa Noa* und der illustrierten Kopie, S. 74–80, hier S. 74: „Der einzige ausschließlich von ihm verfaßte

Text wurde erst kürzlich entdeckt. Es ist der hier veröffentlichte Text."

[33] „*No'ano'a*' – gleichbedeutend mit ‚wohlriechend' – hatte Gauguin während seines ersten Tahitiaufenthaltes ständig begleitet und kam für ihn einer Identifikation mit den Autochthonen [Einheimischen] gleich. Mit diesem Begriff assoziierte er das Leben und die Gewohnheiten der Eingeborenen, vor allem jedoch ‚ein Duft, der meine Künstlerseele berauschte', eine Quelle der Energie." ROHDE 1988 (wie Anm. 17), S. 93; das Zitat im Zitat nach: Gauguin, *Noa Noa*, 1969 (wie Anm. 19), S. 30.

[34] Beide Begriffe wurden damals abstrakter verstanden als heute. ‚Natur' meinte eine eher unreflektierte Ursprünglichkeit des menschlichen Empfindens und Verhaltens, ‚Kultur' ihre Verformung durch Zivilisation; ‚Kultur' wurde in diesem Sinn nicht selten als ein Verlust gegenüber der ‚Natur' empfunden.

[35] Paul Gauguin, Interview, in: *L'Écho de Paris*, 23. Mai 1891, zitiert nach PETIT 1992 (wie Anm. 32), S. 9.

[36] Unter anderem an diesem Punkt ist festzumachen, wie sehr Gauguins Erzählung von der Wirklichkeit abweichen kann. In *Noa Noa* erweckt er den Eindruck, die Sprache Tahitis so gut erlernt zu haben, dass er sich fließend mit den einheimischen Maohi unterhalten konnte. Tatsächlich reichten seine Fähigkeiten des Spracherwerbs offenbar nicht sehr weit. Dem Bericht eines seiner französischen Lehrmeister in Papeete zufolge hatte Gauguin „einen ärgerlichen Hang dazu, zu vergessen, die Silben zu vermischen oder umzudrehen. [...] Seine geringe Kenntnis der tahitischen Sprache schränkte seine Beziehungen zu den Eingeborenen ein." Zitiert nach Gauguin, *Noa Noa*, 1992 (wie Anm. 30), S. 35, Anm. 3.

[37] Gauguin, *Noa Noa*, 1992 (wie Anm. 30), S. 35 u. 37. – In der von Morice überarbeiteten Ausgabe von 1901 folgt hierauf der Satz: „Bin alles Erkünstelten, aller Konvention, aller Gewohnheiten ledig. Ich komme der Wahrheit nahe, der Natur."

Paul Gauguin, *Noa Noa*, Zürich/Oxford 1950 (Ausgabe von 1920), S. 43.

[38] Gauguin, *Noa Noa*, 1992 (wie Anm. 30), S. 39.

[39] Gauguin, *Noa Noa*, 1992 (wie Anm. 30), S. 37. 39. – In der dichterischen Bearbeitung von Morice wird aus dieser Passage: „Mit der animalisch geschmeidigen Anmut seiner Androgynen-Gestalt schritt er vor mir her. Ich meinte die ganze Pflanzenpracht ringsum in ihm verkörpert zucken und leben zu sehen. – War es ein Mensch, der da vor mir ging? […] War es nicht vielmehr der Wald selber, der lebendige Wald, geschlechtslos und – verführerisch? […] Das Fieber pochte in meinen Schläfen, und mir wankten die Knie." Gauguin, *Noa Noa*, 1950 (wie Anm. 37), S. 47f und 52.

[40] Gauguin, *Noa Noa*, 1992 (wie Anm. 30), S. 39. In der bearbeiteten Fassung lauten die letzten Worte: „O nein! erwiderte ich. Und dieser Ausruf, der zu dem Beschluß des Kampfes paßte, den ich im Geiste eben gegen eine ganze verderbte Zivilisation bestanden hatte, weckte ein lautes Echo im Walde." Gauguin, *Noa Noa*, 1950 (wie Anm. 37), S. 52f.

[41] Gauguin, *Noa Noa*, 1950 (wie Anm. 37), S. 51.

[42] Buch Genesis/ 1. Buch Mose, Kapitel 32, Vers 23–33.

[43] Gauguin, *Noa Noa*, 1950 (wie Anm. 37), S. 53.

[44] Gauguin, *Noa Noa*, 1950 (wie Anm. 37), S. 53. Die Fassung im Originalmanuskript lautet schlichter: „Völlig vernichtet, in der Tat, mein ganzer alter Vorrat an Zivilisation. Ich wurde wieder ruhig und fühlte mich von nun an als anderer Mensch, als Maori." Gauguin, *Noa Noa*, 1992 (wie Anm. 30), S. 41.

[45] Paul Gauguin, Interview, in: *L'Écho de Paris*, 23. Mai 1891, zitiert nach PETIT 1992 (wie Anm. 32), S. 9.

[46] Die Formulierung ‚ungekünstelte künstlerische Mittel' macht den Widerspruch deutlich, der in diesem Anliegen liegt – liegen muss, denn Gauguin kommt hinter seine Prägung als Künstler in der Tradition der abendländischen Kunstgeschichte selbstverständlich nicht zurück.

[47] Paul Gauguin, Interview, in: *L'Écho de Paris*, 13. Mai 1895, S. 2; zitiert nach SCHWANDER 2015 (wie Anm. 22), S. 22.

[48] Buch Genesis/1. Buch Mose, Kapitel 3, Vers 1–7.

[49] Es hat einigen Reiz innerhalb dieses Spiels mit Bedeutungen, den Mann (‚Adam', das Ziel der weiblichen Verführung) im Betrachter *vor* dem Bild wiederzufinden.

[50] Paul Gauguin, *Ève exotique* (Gouache), 1890; Paris, Privatsammlung; vgl. Charles F. STUCKEY, in: Richard Brettell u.a. (Hgg), Gauguin. Katalog zur Ausstellung in den *Galeries Nationales du Grand Palais*, Paris, 10.01.–24.04.1989, Paris 1989, S. 193.

[51] Cook war während seiner ersten Reise zwischen April und Juli 1769 und während der zweiten Reise in den Jahren 1773 und 1774 mehrere Male in Tahiti und hat ausführlich darüber berichtet; vgl. Captain James COOK, Entdeckungsfahrten im Pacific. Die Logbücher der Reisen von 1768 bis 1779. Hg. v. A. Grenfell Price, Stuttgart u.a. 1983/ 1995.

[52] Im Buch Genesis/ 1. Buch Mose, Kapitel 3, folgt auf (1.) das Kosten der Früchte des verbotenen Baums (2.) die Entdeckung durch Gott, (3.) das Urteil Gottes über den Menschen (Frau: „Viel Mühsal bereite ich dir, sooft du schwanger wirst" [Gen 3,16]; Mann: „im Schweiße deines Angesichts sollst du dein Brot essen" [Gen 3,19]), (4.) die Bekleidung des Menschen und schließlich (5.) die Vertreibung des Menschen aus dem Paradies.

[53] *Matamua* – „Ehemals", 1892; Madrid, Sammlung Carmen Thyssen-Bornemisza; *Arearea* – „Zeitvertreib", 1892; Paris, *Musée d'Orsay*.

[54] Um 1894; Chicago, *Art Institute of Chicago*.

[55] Brief an Monfreid, Mai 1897; zitiert nach MITTELSTÄDT 1963 (wie Anm. 17), S. 80.

[56] Matthäus-Evangelium, Kapitel 6, Vers 26.

[57] Johann Joachim WINCKELMANN (1717–1768), Gedanken über die Nachahmung der griechischen Werke in der Malerei und Bildhauerkunst; erstmals erschienen 1755.

[58] Die Kunst des 20. Jahrhunderts wird eine einzige Suche nach neuen, originellen, authentischen künstlerischen Mitteln sein, angefangen bei Marcel Duchamp und Pablo Picasso über Jackson Pollock und Joseph Beuys bis zu Nam June Paik, Andy Warhol, Francis Bacon, Cy Twombly und anderen. Bei allen diesen geht es *vor allem* um die künstlerischen Mittel, die noch ein Ernest Meissonier *gar nicht* thematisiert hat.

[59] Paul Gauguin, Interview, in: *L'Écho de Paris*, 13. Mai 1895, S. 2; zitiert nach SCHWANDER 2015 (wie Anm. 22), S. 24.

[60] Brief an Monfreid; zitiert nach MITTELSTÄDT 1963 (wie Anm. 17), S. 83.

[61] „Ach ja, mein armer Daniel, Sie wissen wie ich einiges von der Ehe: irgend etwas geht dabei in die Brüche. Bei dieser edlen Einrichtung ist immer nur von Pflichten, Ehren und so weiter die Rede. Warum sagt man nicht ein für allemal die Wahrheit, daß es sich um Geld dreht, um Prostitution sogar." Brief an Monfreid, Mai 1899; zitiert nach MITTELSTÄDT 1963 (wie Anm. 17), S. 119.

[62] Paul Gauguin, *Diverses choses* (1896–98), in: Daniel GUÉRIN (Hg), Gauguin. *Oviri, écrits d'un sauvage*, Paris 1974, S. 179; in der deutschen Übersetzung zitiert nach SCHWANDER 2015 (wie Anm. 22), S. 23.

[63] Zitiert nach SCHWANDER 2015 (wie Anm. 22), S. 24.

[64] Brief an Monfreid, November 1901; zitiert nach MITTELSTÄDT 1963 (wie Anm. 17), S. 172.

[65] Paul Gauguin, Interview, in: *L'Écho de Paris*, 13. Mai 1895, S. 2; zitiert nach SCHWANDER 2015 (wie Anm. 22), S. 24.

[66] Erika FISCHER-LICHTE, Grenzgänge und Tauschhandel. Auf dem Wege zu einer performativen Kultur, in: Uwe Wirth (Hg), Performanz. Zwischen Sprachphilosophie und Kultur-

wissenschaften, Frankfurt am Main 2002, S. 277–300, hier S. 283.

ABBILDUNGEN

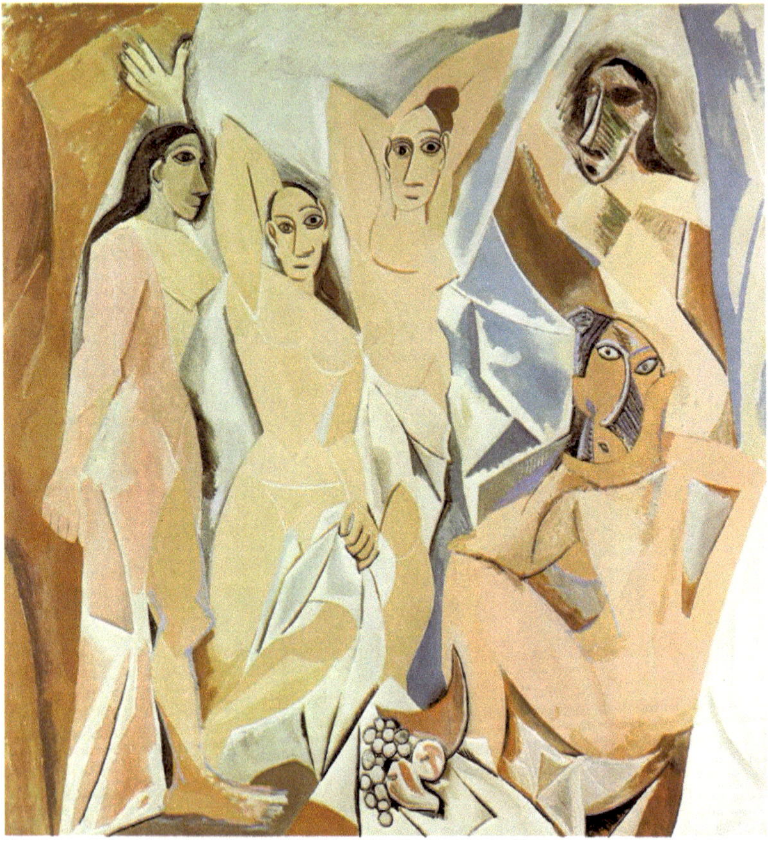

Abb. 2: Pablo Picasso, *Les Demoiselles d'Avignon*, 1907;
New York, *Museum of Modern Art*

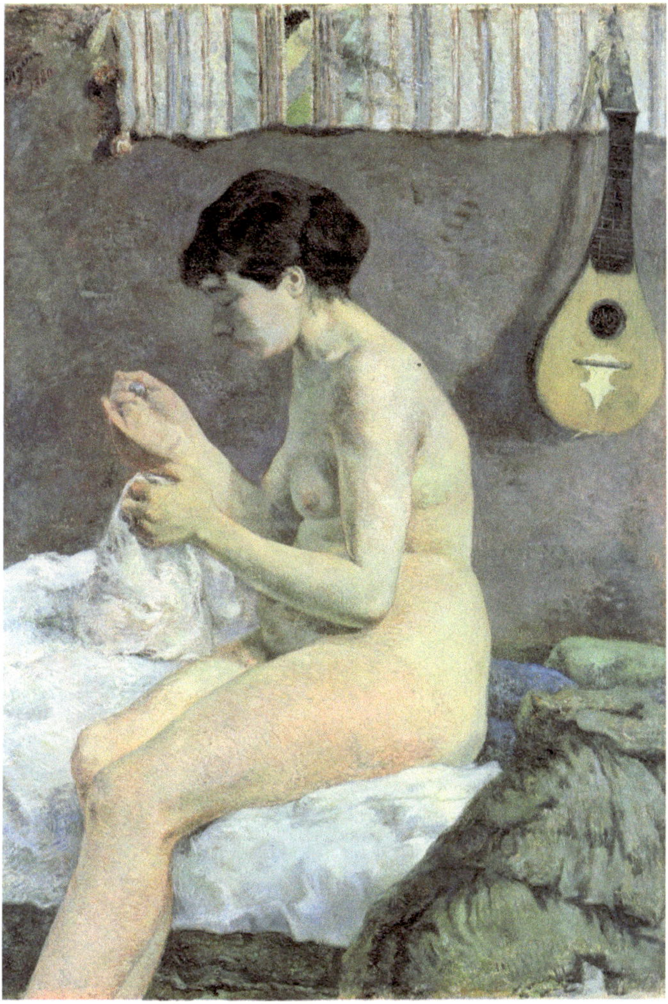

Abb. 3: Paul Gauguin, Aktstudie oder Die nähende *Suzanne*, 1880; Kopenhagen, *Ny Carlsberg Glyptotek*

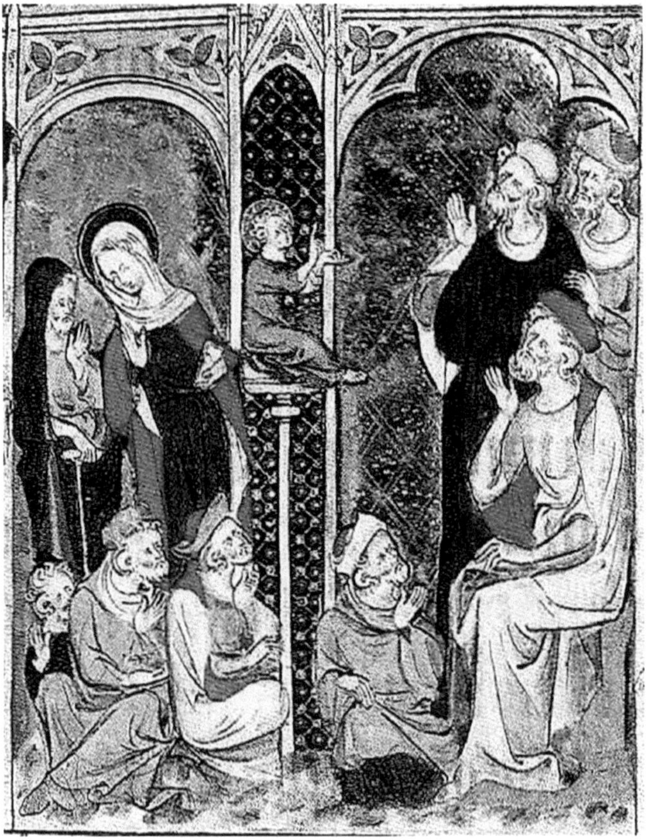

Abb. 4: Der zwölfjährige Jesus im Tempel, um 1310;
Queen Mary's Psalter, London, *British Museum*

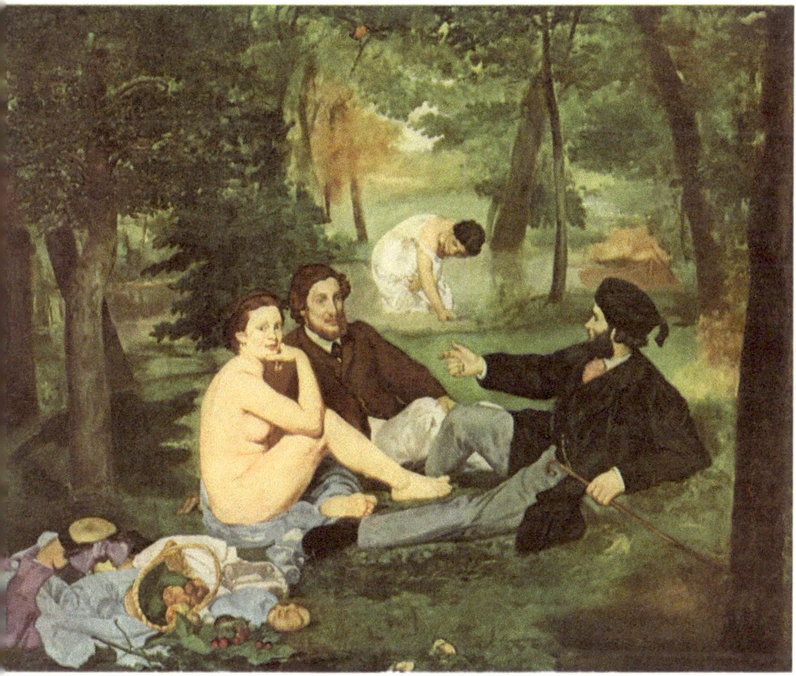

Abb. 5: Édouard Manet, Picknick im Freien
(*Le Déjeuner sur l'herbe*), 1863;
Paris, *Musée d'Orsay*

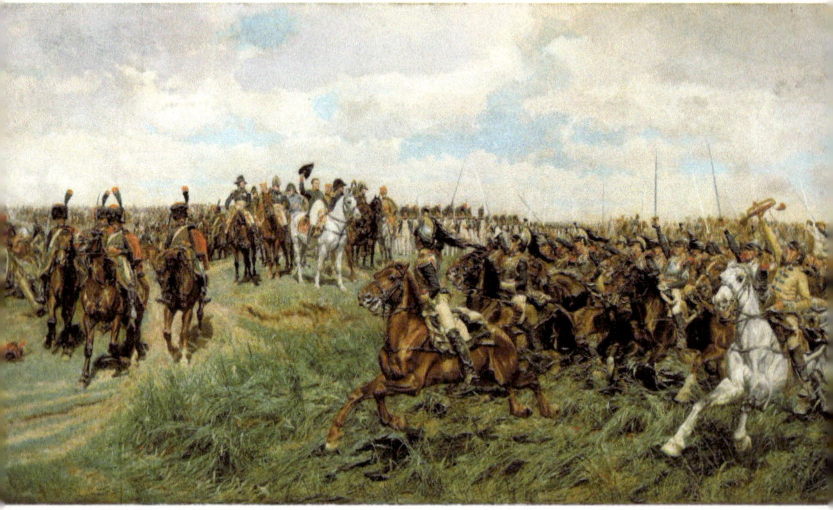

Abb. 6: Ernest Meissonier, 1807. Friedland,
ca. 1861–1875;
New York, *Metropolitan Museum*

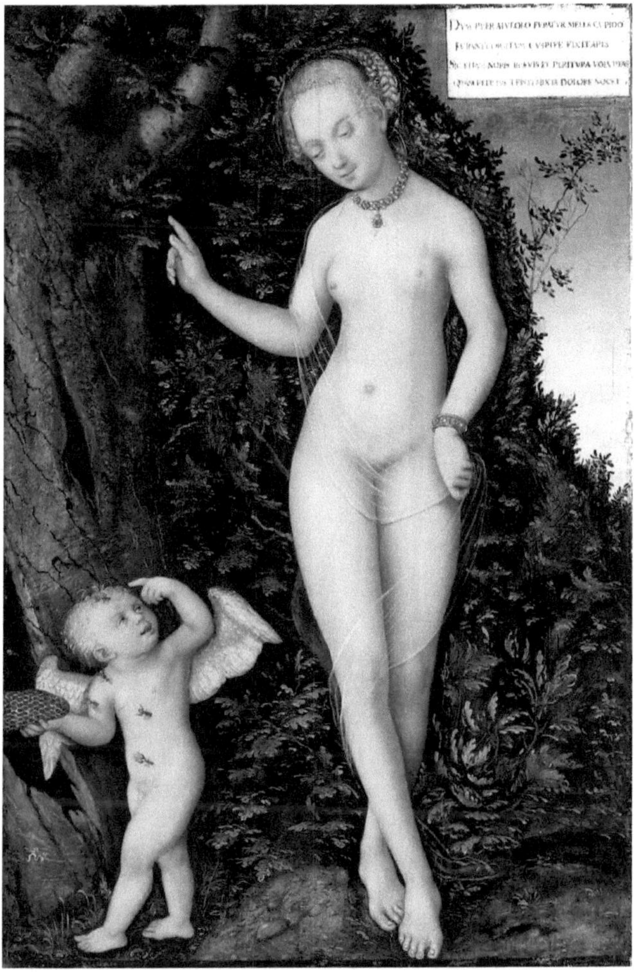

Abb. 7: Lucas Cranach der Ältere,
Venus mit Amor als Honigdieb, um 1537;
Nürnberg, Germanisches Nationalmuseum

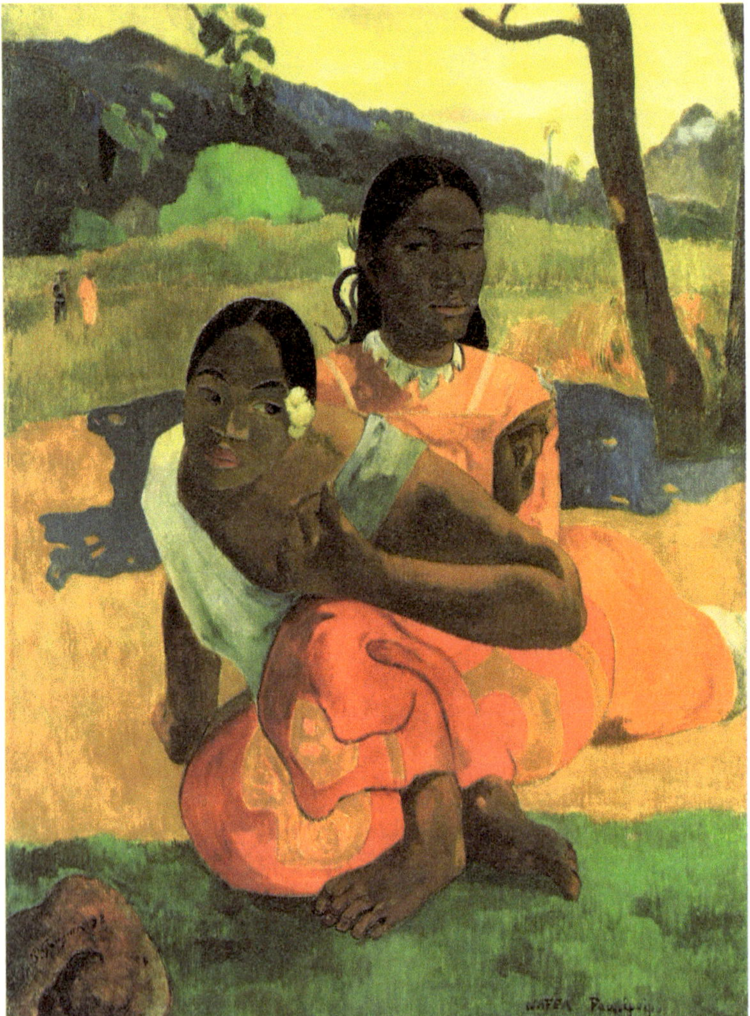

Abb. 8: Paul Gauguin, *Nafea faa ipoipo?*
(„Wann heiratest du?"), 1892; Basel, Kunstmuseum

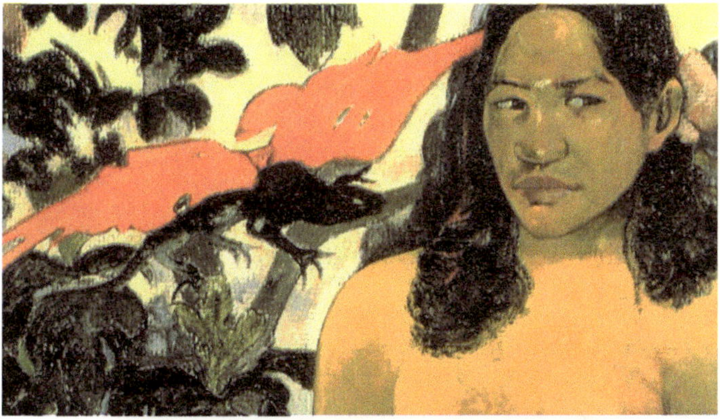

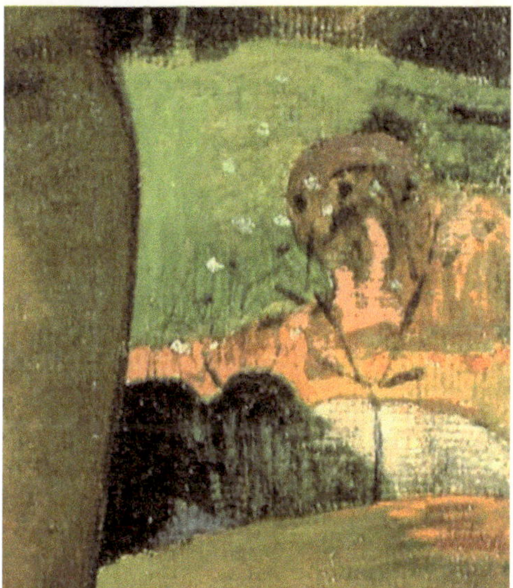

Abb. 9 und 10: Details aus Abb. 1

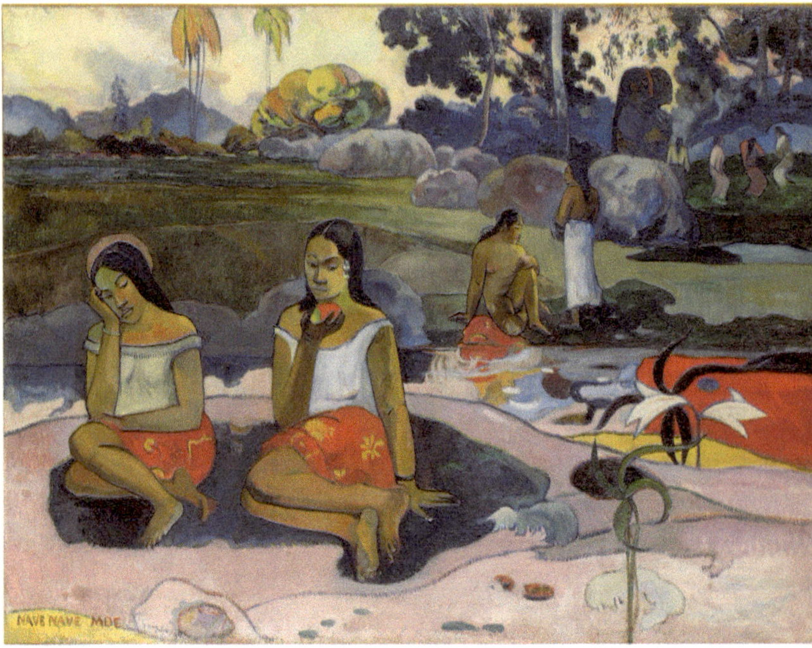

Abb. 11: Paul Gauguin, *Nave nave moe*
(„Köstliche Geheimnisse, süße Träume"), 1894;
Sankt Petersburg, Staatliche Eremitage

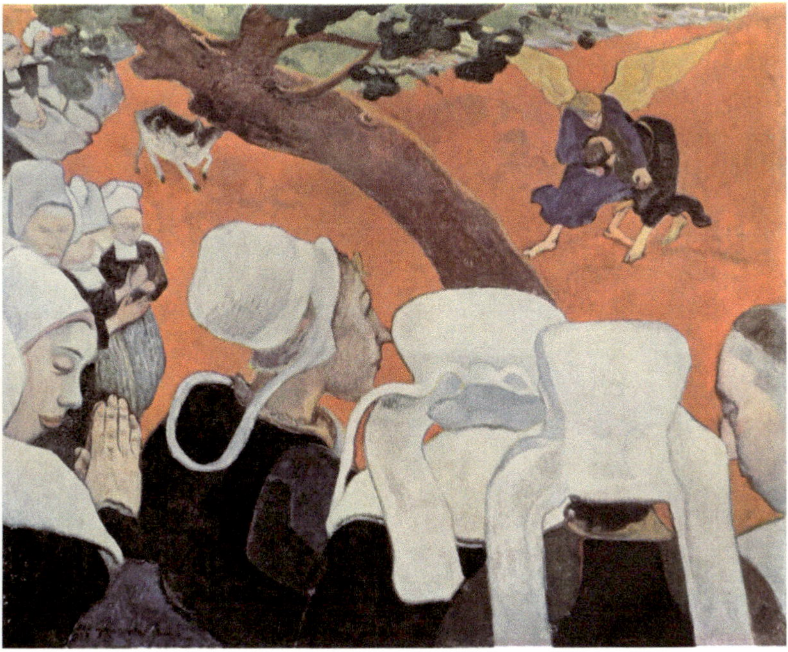

Abb. 12: Paul Gauguin, Vision nach der Predigt
(Kampf Jakobs mit dem Engel), 1888;
Edinburgh, *National Gallery of Scotland*

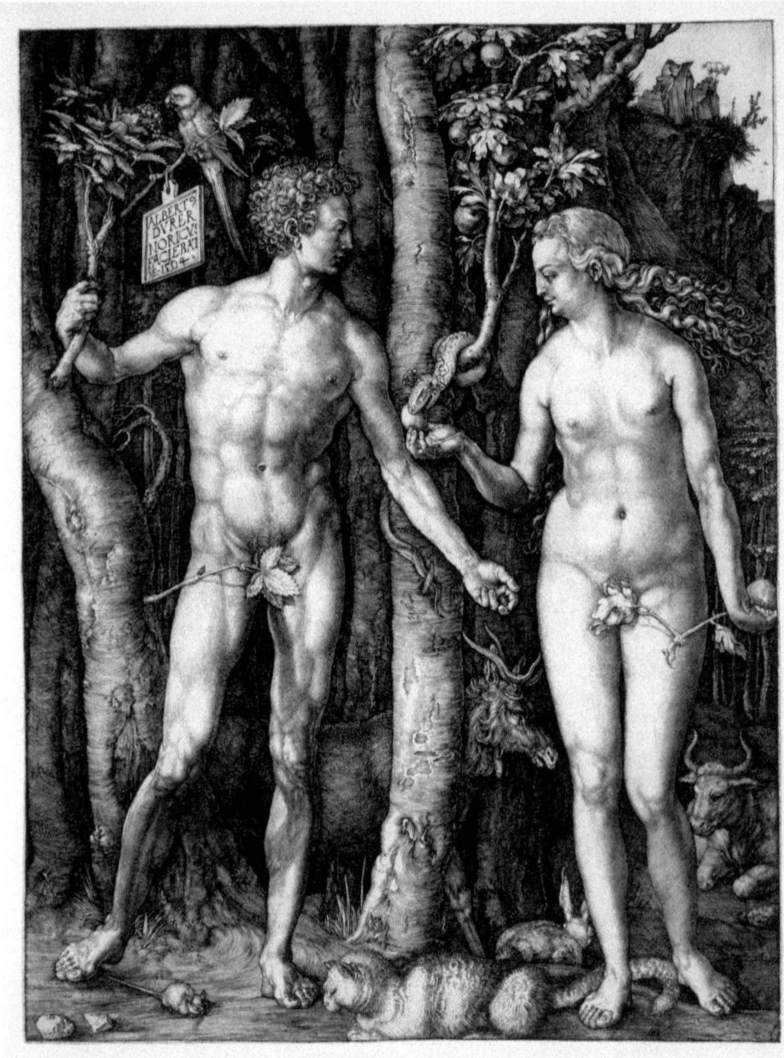

Abb. 13: Albrecht Dürer, Der Sündenfall, 1504 (Kupferstich); Frankfurt am Main, Städel Museum (Graphische Sammlung)

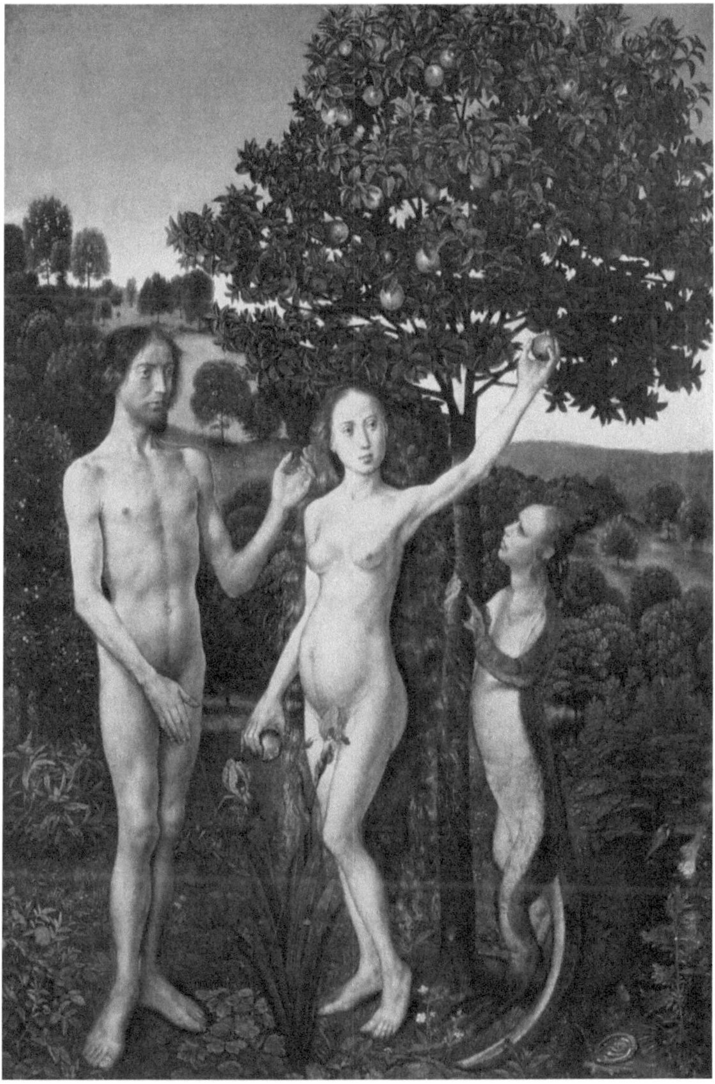

Abb. 14: Hugo van der Goes, Der Sündenfall, um 1480;
Wien, Kunsthistorisches Museum

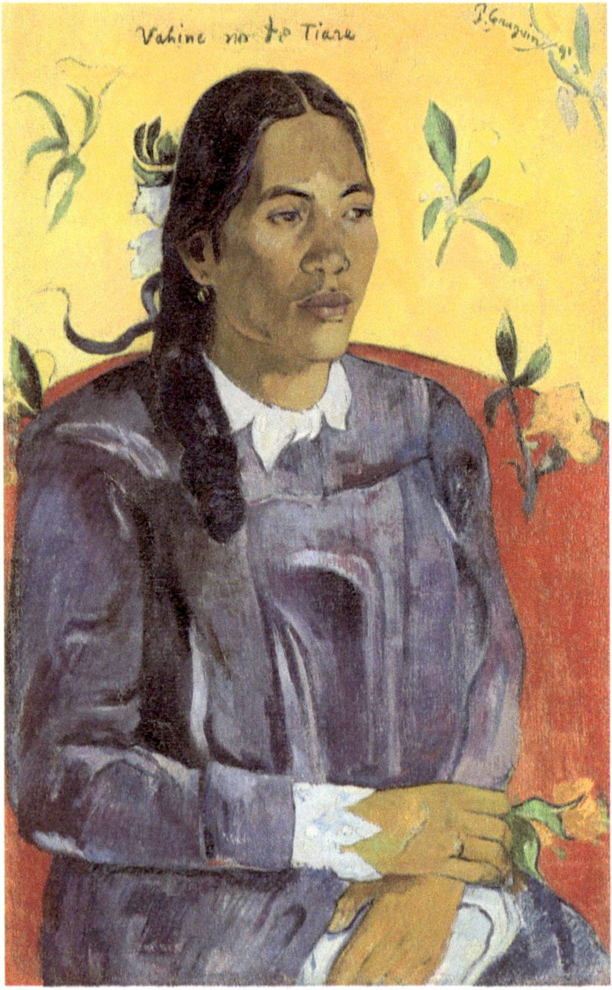

Abb. 15: Paul Gauguin, *Vahine no te Tiare*
(„Frau mit Blume“), 1891;
Kopenhagen, *Ny Carlsberg Glyptotek*

ABBILDUNGSNACHWEIS

Ohara Museum of Art, Kuraschiki: Abb. 1, 9, 10.

Succession Picasso/VG Bild-Kunst, Bonn 2015: Abb. 2.

Ny Carlsberg Glyptotek, Kopenhagen: Abb. 3.

akg images GmbH – Archiv für Kunst und Geschichte, Bonn: Abb. 4 (De Agostini Picture Library), Abb. 5 (Laurent Lecat), Abb. 8 (Album/ Oronoz), Abb. 11, 12, 13, 14 (De Agostini Picture Library/ G. Nimatallah), Abb. 15 (Pictures From History).

Metropolitan Museum, New York: Abb. 6.

Germanisches Nationalmuseum Nürnberg: Abb. 7.

PAUL GAUGUIN
LEBENSDATEN IM ZUSAMMENHANG
MIT *TE NAVE NAVE FENUA*

07.06.1848	Gauguin wird in Paris geboren
1849	Auswanderung der Familie nach Lima/ Peru; Tod des Vaters
1855	Rückkehr nach Orléans
1861–1875	Ernest Meissonier malt *1807. Friedland* (*Abb. 6*)
1862	Rückkehr nach Paris
1863	Édouard Manet malt *Le Déjeuner sur l'herbe* (*Abb. 5*)
1865	Gauguin als Schiffsjunge auf der ‚Luzitano'
1866/67	Weltreise als Leutnant auf der ‚Chili'
1868	Eintritt in die Kriegsmarine; Teilnahme am Krieg 1870/71 als Matrose auf einer Korvette
1871	Agent bei einem Börsenmakler; Gauguin fertigt erste Zeichnungen an
1872	Malstudien gemeinsam mit Claude-Emile Schuffenecker
22.11.1873	Gauguin heiratet Mette Sophie Gad
1874	Gauguin lernt Impressionisten kennen, darunter Pissarro, der sein Lehrer wird; Malstudien
1876	Erster Ausstellungsbeitrag im *Salon*
1879	Wohlstand durch Banktätigkeit; Malstudien mit Pissarro; Teilnahme an der 4. Impressionisten-Ausstellung
1880	Atelier im Vaugirard-Viertel, Paris; Ausstellungen; Gauguin malt *Die nähende Suzanne* (*Abb. 3*)
1881	Malt gemeinsam mit Pissarro und Cézanne; positive Kritik der *Nähenden Suzanne*.
1882	Beteiligung an der 7. Impressionisten-Ausstellung

1883	Kündigung der Bank- und Börsentätigkeit; Zerwürfnis mit Cézanne
1884	Wirtschaftliche Not; Übersiedelung zu den Schwiegereltern nach Kopenhagen
1885	Ausstellung in Kopenhagen; Zerwürfnis mit den Schwiegereltern, Rückkehr nach Paris (ohne Ehefrau und Kinder, mit Ausnahme des sechsjährigen Clovis)
1886	Aufenthalt in Pont-Aven/ Bretagne; Zusammentreffen mit Émile Bernard; lernt in Paris Theo und Vincent van Gogh kennen; erste Pläne einer Tropenreise
1887	Reise nach Panama und Martinique
1888	Längerer Aufenthalt in Pont-Aven mit Bernard; Ablösung vom Impressionismus, Gründung des ‚synthetischen Symbolismus'; malt *Die Vision nach der Predigt* (*Abb. 12*). – Spätherbst bei Vincent van Gogh in Arles; nach Zerwürfnis Rückkehr nach Paris
1889	Ausstellung von zwölf Bildern bei den „XX" in Brüssel; Aufenthalt in Pont-Aven und Le Pouldu/ Bretagne
1890	Paris; Auswanderungspläne; Aufenthalt in Le Pouldu
1891	Ausstellung im Hôtel Drouot zur Finanzierung der Auswanderung; verkauft 30 Bilder für 9.860 Francs
04.04.1891	Einschiffung in Marseille; die Route führt über Melbourne und Sydney nach Tahiti
28.06.1891	Ankunft in Tahiti/ Papeete; nach einem mehrwöchigen Aufenthalt Übersiedelung in das 40 Kilometer entfernte Mataiea; dort lebt Gauguin zusammen mit der jungen ‚*Vahine*' Tehura.

1892	**Gauguin malt *Te nave nave fenua*** (*Abb. 1, Frontispiz*), *Vahine no te Tiare* (*Abb. 15*) und *Nafea faa ipoipo?* (*Abb. 8*); Erkrankung
14.06.1893	u.a. Augenerkrankung und finanzielle Schwierigkeiten erzwingen Rückkehr nach Paris; Gauguin bringt 66 Gemälde mit
Herbst 1893	Beginn der Arbeit an *Noa Noa*
09.11.1893	Ausstellung in der Galerie Durand-Ruel gerät zum Misserfolg
1894	*Nave Nave Moe* (*Abb. 11*); Gauguin fertigt zehn Holzschnitte für *Noa Noa* an
04–12 1894	Aufenthalt in der Bretagne
18.02.1895	Verkaufsausstellung wird wiederum zum Misserfolg
1895	Beginn der zweiten Tahiti-Reise; nach kurzem Aufenthalt in Papeete Übersiedelung in den Distrikt Punaauia; Gauguin lässt sich dort von Tahitiern ein Haus errichten
1896	Geldnot, Krankheit (Syphilis; die Entzündungen an seinen Beinen werden von Eingeborenen und Europäern für Lepra gehalten und führen zu zusätzlicher Isolation), Depressionen; Gauguin malt viel
1897	Gauguin ist todkrank; endgültiger Bruch mit seiner Frau Mette; Alkohol, Syphilis
12/1897	Gauguin erreicht die Oktoberausgabe der *Revue Blanche* mit Auszügen aus *Noa Noa*; „der Kontrast zwischen dem in *Noa Noa* beschriebenen paradiesischen Leben und seinem tatsächlichen miserablen Dasein konnte nicht krasser sein.“[1]
02/1898	Selbstmordversuch
04/1898 – 03/1899:	‚Brotarbeit‘ im *Travaux Publics et Cadastre* in Papeete; als sich Gauguin bei seiner Rückkehr

[1] ROHDE 1988 (wie Anm. 17), S. 99.

	nach Punaauia bestohlen glaubt, lässt er sein Anwesen durch einen Stacheldrahtzaun sichern[2]
1899–1901	Mitarbeit Gauguins als Journalist an der Zeitung *Les Guêpes*; dabei zeichnet er sich v.a. durch Polemik aus; an unparteilicher Berichterstattung war er offensichtlich nicht interessiert
09/1901	Übersiedelung von Tahiti nach Atuana (Marquesas-Insel Hiva Oa); *Noa Noa* in der Bearbeitung von Charles Morice erscheint in Paris
1902	Herzerkrankung, Syphilis; Wunsch nach Rückkehr nach Frankreich; Monfreid rät ab: „Es steht zu fürchten, daß Ihr Kommen eine Arbeit, eine Entwicklung stören würde, die sich in der öffentlichen Meinung hinsichtlich Ihrer Person vollziehen: Sie sind jetzt dieser seltsame, legendäre Künstler, der aus der Tiefe Ozeaniens seine bestürzenden, unnachahmlichen Werke schickt, endgültige Werke eines großen Mannes, der sozusagen aus der Welt verschwunden ist. […] Kurz, Sie genießen die Immunität der großen Toten, Sie sind in die Geschichte der Kunst eingegangen. […] Nun also, lassen Sie diese Arbeit sich gänzlich vollziehen: sie steht erst im Anfang."[3]
08.05.1903	Gauguin stirbt in seinem Haus in Atuana

2 ROHDE 1988 (wie Anm. 17), S. 100.

3 Brief Monfreids vom 11.12.1902, zitiert nach MITTELSTÄDT (wie Anm. 17), S. 236f.

ERKLÄRUNG VON FACHBEGRIFFEN

Das Zeichen ↬ verweist auf einen eigenen Eintrag in diesem Glossar.

bildparallel: dem Betrachter eines Bilds frontal gegenüber, parallel zur Querachse bzw. Fläche der Leinwand.

Bildvorwurf: Motiv bzw. Thema eines Bilds, z.B. „Sündenfall" oder „Kreuzigung Christi".

Farbperspektive: Erzeugung der Illusion von Raum auf der Bildfläche mithilfe von Farben; Blau erzeugt die wirkungsvollste Fernwirkung, wärmere Farben erzeugen dagegen die Wirkung von räumlicher Nähe; vgl. ↬ Luftperspektive.

Ikonographie: Wissenschaft von den Bildmotiven und (vor allem) Bildinhalten, die religiös, mythologisch, symbolisch oder allegorisch sein können.

Inkarnat: Hautfarbe; der Begriff kann sowohl die Hautfarbe des Gesichts als auch die des übrigen Körpers bezeichnen.

Katharsis: (griechisch) Reinigung; in der Psychologie die Abreaktion von verdrängten Affekten, die Lösung von inneren Spannungen.

Konnotation: (Begriff aus der Sprachwissenschaft) Zusatz- oder Nebenbedeutung, die die Hauptbedeutung eines Worts (oder eines ikonographischen Motivs) erweitert. Während beispielsweise die Hauptbedeutung von ‚Apfel' ‚Frucht' oder ‚Obst' ist, kann zu ihren (stets subjektiven) Konnotationen ‚Sünde' gehören.

Lokalfarbe: Farbe, die ein Gegenstand in der Realität trägt (auch ‚Gegenstandsfarbe'). Licht und Schatten können ihre Wirkung verändern (‚Erscheinungsfarbe'), aber die Lokalfarbe, die von ihrer Wirkung auf den Betrachter unabhängig ist, bleibt stets dieselbe.

Luftperspektive: Erzeugung der Illusion von Raum auf der Bildfläche mithilfe (1) von Farben, deren charakteristische Veränderung eine Tiefe im Bild zu erzeugen scheint (➷ Farbperspektive), (2) oder durch die Differenzierung durch Schärfe oder Unschärfe der Darstellung; Deutlichkeit bzw. Schärfe erzeugt den Eindruck von Nähe, Verwischung und Trübung das Empfinden von Ferne.

Mimesis (griechisch; Adjektiv: mimetisch): Nachahmung; in der Kunst die bildnerische Nachahmung der äußerlich wahrnehmbaren Wirklichkeit („Natur") in möglichst wirklichkeitsgetreuer, illusionistischer Weise.

Perspektive: Technik, um auf der zweidimensionalen Bildfläche die Illusion von Dreidimensionalität zu erzeugen; ➷ Zentralperspektive, ➷ Luftperspektive, ➷ Farbperspektive.

Referentialität (Adjektiv: referentiell): inhaltlicher Hinweis bzw. Verweis; Zusammenhang, auf den implizit, d.h. nicht ausdrücklich hingewiesen wird.

Zentralperspektive: auf den Florentiner Baumeister und Bildhauer Filippo Brunelleschi (1377–1446) zurückgehende Technik der Erzeugung von Raumwirkung durch die Verwendung von Fluchtpunkten und Fluchtlinien: alle Linien im Bild, die in der dargestellten Wirklichkeit *in den Raum hinein* führen, laufen auf einen zentralen Fluchtpunkt zu; bei Verwendung von mehreren Fluchtpunkten spricht man allgemeiner von Fluchtpunktperspektive.

DANK

Mein herzlicher Dank gilt auch an dieser Stelle den ehemaligen Studierenden der Victor-Klemperer-Akademie, Freiburg, für die der dem Manuskript zugrundeliegende Text ursprünglich entstanden ist, insbesondere auch wiederum den Testleser/innen Romy Herzog, Marlies Keck, Christel Kuhn, Renate Michel und Dr. Hans-Georg Wehrens, die durch ihre feinfühlige, konstruktive Kritik aktiv zur Lesbarkeit und Verständlichkeit des Büchleins beigetragen haben.

Bei Fachfragen zu den Themen „Pferde“ und „Reiten“ hat mir Willi Frey sehr geholfen, dem an dieser Stelle herzlich gedankt sei.

Für Hilfe und freundliches Entgegenkommen im Zusammenhang der Abdruckgenehmigungen der Bilder danke ich ganz herzlich den durchweg sehr zuvorkommenden Mitarbeiter/innen der Museen: des *Ohara Museum of Art*, Kuraschiki, der VG Bild-Kunst, Bonn, der *Ny Carlsberg Glyptotek*, Kopenhagen, des Archivs für Kunst und Geschichte (*akg images*), Bonn, des *Metropolitan Museums*, New York, sowie des Germanischen Nationalmuseums, Nürnberg.

Tatkräftig unterstützt bei der Beschaffung der Abdruckgenehmigungen hat mich außerdem Ursula Sefton, die für die angemessenen Formulierungen in den Übersetzungen der Korrespondenz gesorgt hat.

Schließlich haben sich bei allen graphischen Belangen wiederum Andree Kröger und René Deuster des Bändchens angenommen, wofür ich ihnen sehr dankbar bin.

DIE REIHE „**ein**blicke – KUNSTGESCHICHTE IN EINZELWERKEN“

Während der Arbeit mit kunstinteressierten Menschen stellt sich immer wieder heraus, wie groß das Bedürfnis nach Unterstützung bei der Betrachtung und Deutung von Kunstwerken ist. Wer nicht im Bereich unbewiesener Vermutungen und willkürlicher, freier Assoziation verbleiben will, fühlt sich auf sachkundige Anleitung angewiesen.

Leider ist eine solche Anleitung nicht leicht zu erlangen, jedenfalls nicht auf einem Niveau, das sich nicht zuletzt durch die Absicherung in der aktuellen Forschungsliteratur auszeichnet. Allzu verbreitet ist die Vorstellung, Ergebnisse kunsthistorischer Forschung seien zeitlos gültig und bedürften niemals der Modifizierung oder gar der Korrektur.

Indessen ist dies ein Irrtum. Auch die kunsthistorische Forschung schreitet in ihren Erkenntnissen fort. Ältere, als sicher geltende Annahmen werden nach einer gewissen Zeit revidiert, neue Sichtweisen setzen sich durch, frühere Einordnungen und Deutungen müssen zum Teil vollständig fallengelassen werden. Es gibt zahlreiche Beispiele dafür, dass sich als sicher geglaubte Forschungsergebnisse, selbst Ergebnisse naturwissenschaftlicher oder technischer Untersuchungen, nach einiger Zeit als schlichtweg falsch erwiesen haben.

Die Reihe „**ein**blicke – Kunstgeschichte in Einzelwerken“ hat sich vor diesem Hintergrund zwei Ziele gesetzt:
1. Sie möchte interessierte Laien mit einer Methodik vertraut machen, die diese mit ein wenig Übung in die Lage versetzen soll, eigenständig und dennoch kompetent zu

verlässlichen Ergebnissen einer aktiven Betrachtung von Kunstwerken zu gelangen.
2. Außerdem wirkt die Reihe konsequent daran mit, aktuelle Ergebnisse kunsthistorischer Forschung auch unter Nicht-Fachleuten bekannt zu machen und der eigenen Kunstbetrachtung interessierter Laien auf diese Weise eine vertrauenswürdige Grundlage zu geben.

Die Reihe „**ein**blicke", deren Taschenformat nicht zuletzt zur Lektüre vor dem Original-Kunstwerk anregen möchte, stellt in bunter Folge jeweils ein bestimmtes Werk aus der Geschichte der abendländischen Kunst vor, das Schritt für Schritt betrachtet und gedeutet wird und damit zu eigener Kunstbetrachtung auch anderer Werke anregen soll.

Nach dem Erscheinen der ersten beiden Bände der Reihe sind folgende weitere Bände geplant:

Band 3: Jan van Eyck, Die Madonna des Kanonikus van der Paele
Band 4: Franz Marc, Tiger
Band 5: Michelangelo Buonarroti, Das Jüngste Gericht in der Sixtinischen Kapelle

*Wenn Ihnen ein Kunstwerk oder ein Künstler besonders am Herzen liegt, für das Sie sich eine intensive Betrachtung im Sinne der Reihe „***ein**blicke*" wünschen, so lassen Sie es uns wissen! Wir nehmen diese Hinweise gern auf – und vielleicht wird schon in einem der nächsten Bände Ihr Wunsch in Erfüllung gehen!*

Bisher in der Reihe „**ein**blicke“ erschienen:

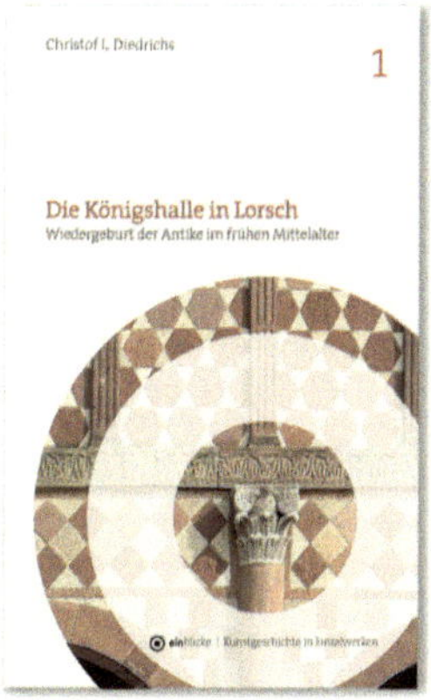

Christof L. Diedrichs
Die Königshalle in Lorsch
Wiedergeburt der Antike im frühen Mittelalter

ISBN: 978-3-7386-3767-0
96 Seiten
17 Abbildungen, davon 6 farbig
Preis: € 9,99

Im Frühjahr 2016 wird erscheinen:

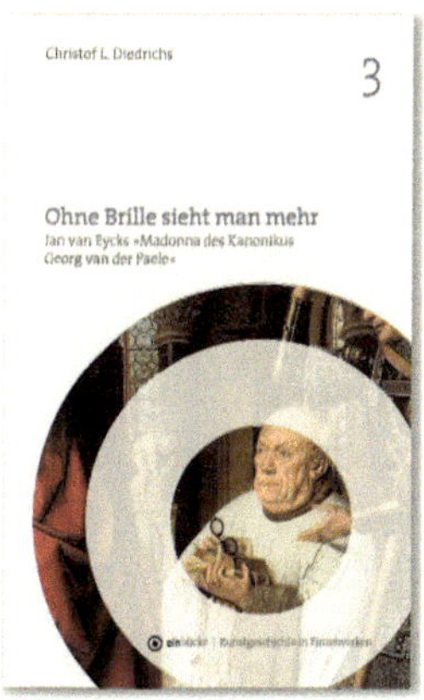

Christof L. Diedrichs
Ohne Brille sieht man mehr
Jan van Eycks „Madonna des Kanonikus Georg van der Paele“

ca. 112 Seiten
ca. 15, überwiegend farbige Abbildungen
Preis: € 11,99

Stimmen zu Band 1 der Buchreihe:

„Das Buch ist spannend und flüssig zu lesen, ein deutlicher Unterschied zu den oft eher in verkopfter Fachsprache verfassten Werkmonographien."
Christel Kuhn

„Der erzählende Teil ist anschaulich und belebt die Fantasie."
Renate Michel

Stimmen zur Buchreihe

„Ein neuer Blick auf alte Werke.
Diese Reihe ist eine Entdeckung für alle, die sich für Kunstgeschichte interessieren, aber bisher noch nicht den richtigen Zugang gefunden haben."
Lilli H. auf amazon.de

„Die Texte sind sehr gut verständlich und kommen leichtfüßig daher, so dass das Lesen und Verstehen leicht fällt. Ich habe richtig Lust bekommen mich einmal ganz unbedarft vor ein Kunstwerk zu setzen und mit ihm in Dialog zu treten."
Melanie Geppert

Aktuelle Informationen zur Reihe, zu Erscheinungsdaten und Bezugsquellen sowie einen Blog zu Fragen der Kunstgeschichte finden Sie unter

www.kunstgeschicht-in-einzelwerken.de